全国中医药高等院校规划教材

创新创业管理基础

（供中医、中药、中西医临床医学、护理学、管理学等专业用）

主 编 颜 涛 吉广庆

中国中医药出版社
·北 京·

图书在版编目（CIP）数据

创新创业管理基础 / 颜涛，吉广庆主编 . -- 北京：
中国中医药出版社，2023.12
全国中医药高等院校规划教材
ISBN 978-7-5132-8253-6

Ⅰ.①创… Ⅱ.①颜… ②吉… Ⅲ.①创新管理—中
医学院—教材 Ⅳ.① F273.1

中国国家版本馆 CIP 数据核字（2023）第 112602 号

中国中医药出版社出版

北京经济技术开发区科创十三街 31 号院二区 8 号楼
邮政编码　100176
传真　010-64405721
万卷书坊印刷（天津）有限公司印刷
各地新华书店经销

开本 889×1194　1/16　印张 7.75　字数 173 千字
2023 年 12 月第 1 版　2023 年 12 月第 1 次印刷
书号　ISBN 978 - 7 - 5132 - 8253 - 6

定价　56.00 元
网址　www.cptcm.com

服 务 热 线　010-64405510
购 书 热 线　010-89535836
维 权 打 假　010-64405753

微信服务号　zgzyycbs
微商城网址　https://kdt.im/LIdUGr
官 方 微 博　http://e.weibo.com/cptcm
天猫旗舰店网址　https://zgzyycbs.tmall.com

如有印装质量问题请与本社出版部联系（010-64405510）

全国中医药高等院校规划教材

《创新创业管理基础》
编委会

主　编

颜　涛（成都中医药大学）　　　　　吉广庆（山西中医药大学）

副主编

耿子扬（成都中医药大学）　　　　　王　毅（成都中医药大学）

吴颖敏（成都中医药大学）　　　　　李　彦（西南医科大学）

陈宪泽（福建中医药大学）　　　　　赵　妍（甘肃中医药大学）

彭语良（重庆邮电大学）

编　委（按姓氏笔画排序）

王　娜（成都医学院）　　　　　　　刘　莉（成都中医药大学）

刘　斌（成都中医药大学）　　　　　刘潇荃（山西中医药大学）

杨晓宏（川北医学院）　　　　　　　吴　珊（成都农业科技职业学院）

闵连星（成都中医药大学）　　　　　陈建涛（成都中医药大学）

郑添华（重庆城市管理职业学院）　　胡　宝（重庆医科大学）

郝美玲（黑龙江中医药大学）　　　　袁艳平（成都中医药大学）

唐　勇（成都中医药大学）　　　　　谭萍芬（江西中医药大学）

魏继平（成都中医药大学）

学术秘书

吴银辉（成都中医药大学）

编写说明

自 2012 年教育部印发《普通本科学校创业教育教学基本要求（试行）》以来，高校把"创业基础"作为必修课，纳入学校人才培养体系，并制定了不少于 32 学时、不低于 2 学分的教学计划。

2018 年在全国教育大会上，习近平总书记着眼于新时代社会主义建设者和接班人的基本素质和精神状态，要求把创新教育贯穿教育活动全过程。2021 年国务院办公厅印发《关于进一步支持大学生创新创业的指导意见》强调，要以习近平新时代中国特色社会主义思想为指导，全面贯彻党的教育方针，落实立德树人根本任务，立足新发展阶段、贯彻新发展理念、构建新发展格局，坚持创新引领创业、创业带动就业，支持在校大学生提升创新创业能力，支持高校毕业生创业就业，提升人力资源素质，促进大学生全面发展，实现大学生更加充分、更高质量就业。

2021 年 11 月 24 日，教育部召开支持大学生创新创业部际工作座谈会。会议要求，要进一步加大对高校创新创业教育的支持力度，让学生在创新创业中巩固专业知识，在创新创业实战中锤炼品质、增长才干；坚持精准施策，瞄准大学生创新创业过程中的堵点和难题，在优化大学生创新创业环境、加强服务平台建设、落实财税扶持政策、加强金融政策支持、促进大学生创新创业成果转化等方面狠下功夫，推动各项政策落实落地；坚持协同联动，建立常态化联系机制，搭建更便捷、更高效的资源共享平台，全方位支持大学生创新创业。

2022 年党的二十大报告提出"深入实施科教兴国战略、人才强国战略、创新驱动发展战略，开辟发展新领域新赛道，不断塑造发展新动能新优势""完善促进创业带动就业的保障制度，支持和规范发展新就业形态"，二十大报告中"创新"一词频繁出现了 55 次。

这充分说明，创新创业教育在人才培养、在创新型国家建设中的地位和作用越来越重要。然而，创新创业教育作为普通本科学校的一门公共必修课，却很难形成一本适合于各个专业的通用教材。为响应国家号召，深化高校创新创业教育改革，构建完善高校创新创业教育体系，提高创新创业教育实效性，增强大学生创新创业素质，全国 10 余所医药院校创新创业教育基础较好的一线教学人员，结合自己长期从事创新创业教育教学的实践经验，编写了这本教材。

"创新创业教育"是一门理论性、政策性、科学性和实践性很强的课程。本教材编写在遵循教育部"'创业基础'教学大纲（试行）"的基础上，结合医药院校学生思想和专业特点，坚持理论讲授与案例分析相结合、小组讨论与角色体验相结合、经验传授与创业实践相结合，把知识传授、思想碰撞与实践体验有机统一起来，调动学生学习的积极性、主动性和创造性，引导启发学生运用创新创业所需要的基本知识，提高必要的创新创业能力，树立科学的创新创业观。

本教材共八章，力求突出以下特色。

一是凸显行业特色。本教材紧扣医学院校的行业特点，将创新创业的内涵、理念，风险管控，市场分析，项目组织、实施及创新团队的领导等融入医学学科。尤其是增加了医药产业管理实践章节，详细论述了医药产业是创新能力分布不均衡的技术和知识密集型产业，更加突出了医药行业特色。

二是彰显立德树人的育人理念。教材融入了以企业家精神为主线的思政元素，注重课程思政与专业课程内容的有效融合，潜移默化地培养学生善于思考、敢为人先的创新精神，创造价值、报效国家的社会责任，承受挫折、战胜逆境的坚强意志，诚实守信、团结协作的职业操守。

三是注重案例教学的实效性。创新创业教育更偏重于实践教学，为此教材在讲授必要的创新创业理论基础上，增加了"案例导入""案例分析""课后训练"等注重实践导向性的教学资料，弥补了以往"结构式课堂教学模式"的不足，力求做到低耗时、高效益，使课堂教学过程最优化、效益最大化，充分体现以学生成才为中心的教育教学理念。

四是先进性与创新性的有机统一。教材吸收了创新创业研究的前沿成果，并将有关理论与方法编入教材，创造性地增加了"数字化创新管理前沿"的内容。

本教材由颜涛、吉广庆共同担任主编，提出编写思路和计划。第一章由魏继平、颜涛、杨晓宏、唐勇编写，第二章由刘斌、陈宪泽、谭萍芬编写，第三章由闵连星、彭语良编写，第四章由王毅、李彦、郑添华编写，第五章由刘莉、赵妍、王娜编写，第六章由袁艳平、吉广庆、刘潇荃编写，第七章由耿子扬、郝美玲、陈建涛编写，第八章由吴颖敏、胡宝、吴珊编写。吴银辉担任学术秘书。

本教材适用于中医、中药、中西医临床医学、护理学、管理学等专业使用。

本教材编写过程中，参考和借鉴了大量同类研究成果及国内外专家、学者的理论和观点，在此特别说明并表示致谢！教材编写过程中得到了参编院校教务处及相关学院的关心、指导和支持，在此一并致谢！

全体编写人员竭尽所能，克服疫情干扰，多次线上沟通、交流，力争编出高质量的教材。由于学识有限，不足之处恳请读者提出宝贵意见，以便再版时修订提高。

《创新创业管理基础》编委会

2023 年 4 月

目　录

所谓创业，就是发起、维持和发展以利润为导向的企业有目的的行为。

——科尔

【学习目标】

1. 掌握创新与创业之间的联系与区别。

2. 熟悉创业管理的概念、内涵和基本原则。

3. 了解创新的概念、本质及创新的基础理论。

【案例导入】

吉利汽车的设计与创新

浙江吉利控股集团有限公司是中国汽车行业十强企业之一，自 1997 年进入轿车领域以来，凭借灵活的经营机制和持续的自主创新取得了快速发展。该公司连续 8 年进入中国企业 500 强，连续 6 年进入中国汽车行业十强，被评为首批国家"创新型企业"和"国家汽车整车出口基地企业"。

"吉利的成功，就在于创新。"吉利汽车有限公司总经理安聪慧如是说。"吉利"终有一个美丽的追求：打造全世界最好的汽车工厂，造最安全、最环保、最节能的好车，让吉利汽车走遍全世界。而面对跨国公司的技术封锁和市场垄断，"吉利"只有通过创新，才能为自己开创一片天地。

但创新从何下手呢？吉利公司通过对我国汽车产业的调查分析，明确了制约我国汽车产业发展的瓶颈问题。整个汽车产业投资过热、行业分散、配套设施落后、自主研发与创新能力提高进展缓慢，甚至具有严重的技术依赖等突出问题。

为解决这些问题，吉利公司提出了自身的发展理念，并开始一步一个脚印地朝着其目标迈进。第一，提升研发能力，不断形成独立的造型设计、工程设计、工程分析、研制试装与同步工程能力，逐渐具备汽车整车、发动机、变速器及新能源等关键技术的长项自主开发能力；第二，不断推出新型车型产品，科学规划产品开发平台；第三，不断突破核心技术，独创 BMBS 爆胎检测与控制技术，带动主动安全技术的全面提升；第四，科技成果节节攀升，加大专利、论文、科技成果三大科技指标的研发投入；第五，加大人才培养力度，实施独具"吉利"特色的管理方法——"源动力"工程，赋予员工充分的话语权、考评权和监督权；第六，变低价策略为品质策略，企业理念由"造老百姓买得起的好车"转变为"造最安全、最节能、最环保的好车"；第七，建立完善的营销网络，实现用户需求的快速反应和市场信息的快速处理。

由此可见，"吉利"通过整个技术体系创新工程建设与企业发展模式转变，确保了企业战略转型的成功实施，实现了企业的可持续发展。

（资料来源：许跃，李伸荣. 大学生创新创业实务. 哈尔滨：东北林业大学出版社，2020.）

第一节　创新管理的概念与内涵

一、创新的认知

（一）创新的概念

创新（innovation）是以新思维、新发明和新描述为特征的一种概念化过程。创新源于拉丁语，它的原意一是更新；二是创造新的东西；三是改变。创新是人类特有的认识能力和实践能力，是人类主观能动性的高级表现形式，是推动民族进步和社会发展的不竭动力。可以这样说，人类社会从低级到高级、从简单到复杂、从原始到现代的进化过程，就是一个不断创新的过程。一个民族要想走在时代前列，就一刻也不能没有创新，一刻也不能停止创新。创新在经济、商业、技术、社会学及建筑学领域的研究中有着举足轻重的地位。人们嘴上常说的"创新"一词表示改革的结果。改革是经济发展的主要推动力，促进创新的因素至关重要。

日常生活是创新和创业的主要场所，也是体现创造力最多但又最易被忽视的地方，创新必须具备三个基本要素。

1. 具有专长和本领　这些专长反映了一个人是否熟悉这个领域，例如能否熟练使用计算机，能否出色完成一项科学试验。

2. 具有创新思维　创新思维包括充分发挥想象力、持之以恒地解决问题和对工作的高标准要求。创新思维也指转换思考问题的能力，如将新奇的事物变为自己所熟悉的、将熟悉的事物变为奇异的。创新思维是建立在独立思考之上的，即甘愿承担某些风险且具有尝试新事物的勇气。

3. 具有内在热情　心理学把它称为内在动机。你并非想去做某件事，而是因为你应该这样做，或为了某种回报，或为了愉悦他人，抑或是为了获得一次晋升的机会。从某种程度上讲，高涨的热情可以弥补先天的不足。李书福在造第一辆汽车时并没有得到社会认可，而更多的是嘲讽与不解，但他始终保持一颗对国有汽车产业的热爱之心，最终赢得了社会的敬佩。热情好比团团火焰，能使一切沸腾起来，最终达到终极目标。

（二）创新的内涵

创新是人类活力的源泉，人类发展的历史就是一部创新史。随着人类创新实践的不断增多，人们对创新的认识不断丰富。创新的英文单词 innovation 里面的 nov 部分来源于拉丁语 novus，意思是"新的"。我国早在《南史·列传第一·后妃上》中就提到过"创新"一词。根据《辞海》《汉语大字典》和《现代汉语字典》的解释，创新就是"抛开旧的，创造新的"。创新的哲学认识是人的实践行为，是人类对于发现的再创造，是对于物质世界的矛盾再创造。从认识的角度说，创新就是更有广度、更有深度地观察和思考这个世界。从实践的角度说，创新就是能将这种认识作为一种日常习惯贯穿于生活、工作与学习的每个细节，所以创新是无限的。创新是将新意和想法付诸实践，变成有价值的新产品、新服务或核心流程。创新的社会学概念是指人们为了发展的需要，运用已知的信息，不断突破常规，发现或产生某种新颖、独特的有社会价值或个人价值的新事物、新思想的活动。

二、创新的基础理论

（一）熊彼特的创新理论

约瑟夫·阿洛伊斯·熊彼特（Joesph Alois Schumpeter，1883—1950 年）是第一个从经济学角度系统提出创新理论的人。到了 20 世纪 50 年代，科学技术在经济发展中日益呈现出独立和突出的价值，技术创新的理论研究成为十分活跃的领域。从 20 世纪 80 年代开始，技术创新理论研究走向深入，并被用于解释经济发展中的许多现实问题，其重要地位逐渐得到确认。

熊彼特，美籍奥地利经济学家，当代资产阶级经济学代表人物之一，创新管理的鼻祖。他在《经济发展理论》一书中最先提出创新理论，并以创新理论解释资本主义的本质特征。按照熊彼特的定义，"创新"就是"建立一种新的生产函数"，即实现生产要素和生产条件的新组合，包括 5 种情况：①引入一种新的产品或提供产品的新质量。②采用一种新的生产方式。③开辟一个新的市场。④获得一种原料或半成品的新的供应来源。⑤实行一种新的企业组织形式。

在熊彼特看来，作为资本主义"灵魂"的企业家，其职能就是实现"创新"，引进"新组合"，创新无处不在。他认为，"创新"是一个内在的因素，经济发展也不是外部强加的，而是来自内部自身创造性的关于经济生活的一种变动。企业家之所以进行"创新"活动，是因为他看到了"创新"所带来了盈利的机会。

但是创者者同时也为其他企业开辟了道路，一旦其他企业纷纷跟随模仿，形成"创新"浪潮之后，就意味着盈利机会也就趋于消失。"创新"浪潮的出现，造成了对银行信用和生产资料的需求扩大，引起经济高潮。而当"创新"已经扩展到较多企业，盈利机会趋于消失之后，对银行信用和生产资料的需求便减少，于是经济就萎缩。这就形成了经济的繁荣与萧条的交替，经济的发展就是在创新活动的推动下周期性进行的。

熊彼特认为，资本主义本质上是经济变动的一种形式或方法，它绝不是静止的。"创新""生产要素的新组合""经济发展"是资本主义的本质特征，离开了这些，资本主义就不存在了。在熊彼特看来，所谓资本，就是企业家为了实现"新组合"，用以"把生产指向新方向"，"把各项生产要素和资源引向新用途"的一种"杠杆"和"控制手段"。资本不是具体商品的综合，而是可供企业家随时使用的支付手段，是企业家与商品世界之间的"桥梁"，其职能在于为企业家进行"创新"提供必要条件。只有在实现了"创新"和"发展"的情况下，才存在企业家，才产生利润，才有资本和利息。这样，企业总收入超过其总支出，这种"余额"或剩余就是"企业家利润"，这是企业家因实现了"创新"或"生产要素的新组合"而"得到的合理报酬"。

（二）德鲁克的创新理论

彼得·德鲁克（Peter F. Drucker，1909—2005 年）是现代管理学之父，其观点对现代商业管理产生了深远的影响。德鲁克认为，创新是通过有目的的、专注的变革努力，提升一家企业的竞价潜力或社会潜力。在德鲁克的管理学体系中，"创新""企业家精神"占有举足轻重的显要地位。他将创新与企业家精神视为每一位高管工作的一部分，认为创新是有意识地寻找机会。这些机会可以分门别类，但无法事先预知。要找到这些机会并加以利用，需要人们严格有序地工作。

德鲁克认为，创新是一项系统的、有目的的工程，企业家通过创新将变化看作开创另一个企业或服务的机遇。创新又是一门学科，可以学习和实践。企业家应有目的地寻求创新来源，了解成功创新的原理，并加以应用。企业家精神是创新实践的精神，而新企业则是创新的主要载体。

德鲁克继承并发展了熊彼特的创新理论，剖析了创新的来源、特点、原则，并对不同类型的组织面对变革如何实现创新、运用创新战略等问题展开研究。他在经典之作《创新与企业家精神》一书中首次将实践创新与企业家精神视为所有企业和机构有组织、有目的、系统化的工作。如果懂得在哪里及如何寻找创新机遇，就能系统地管理创新；如果懂得运用创新原则，就能使创新发展成为可能。他提出了创新机遇的 7 个来源，包括意外事件、不协调事件、程序需要、产业和市场结构、人口统计数据、认知的变化和新知识。创新所需遵循的原则包括不可脱离社会实践原则、主导未来发展原则和创新主体理性原则。德鲁克创新思想的核心回答了两个问题：一是什么是创新，他从创新的内涵和特征方面进行了回答；二是如何创新，他从创新来源和原则方面进行了回答。如果说熊彼特系统地论述了创新的经济意义，那么德鲁克则系统地论述了创新的管理意义。

（三）破坏性创新理论

破坏性创新（disruptive innovation）理论作为一个新兴的理论，自提出以来就引起了众多研究者和管理者的兴趣。克莱顿·克里斯坦森（Clayton M. Christensen，1952—2020）在《创新者的困境》一书中首次提出破坏性创新的概念。他认为，创新有不同的路径，首先是维持性创新，在现有市场上使现有产品或服务更好、更快或更便宜，虽然这些提升可能是困难的或者是昂贵的，但属于在已知的路径中应用现有的一系列能力和流程。其次创新路径是通过不连续的变化，可能是通过技术上某种能力的突破或现有能力的破坏。比如以计算机为基础的文字处理的发展排除了机械打字技术创新的需要。后一类创新路径称为破坏性创新，与现有维持性创新相比，这类创新起初立足的市场不是现有的主流市场，而是一些低端市场或者新市场。随着技术的进步和产品性能的提高，新产品逐渐侵蚀现有的市场，甚至取代现有产品或产业。

一般而言，破坏性创新是指通过推出一种新型的产品或者服务而创造了一个全新的市场。其产品往往比主流市场已定型产品的性能要差，一般比较便宜、更加简单、功能新颖、便于使用，这些都是新用户喜欢的特性，所以全新的市场能够开辟出来，此类创新对已经形成市场份额的在位企业具有破坏性。

破坏性创新具有相对性。从技术、市场和组织方面来看，破坏是相对于现有的主流技术、主流客户和已定型公司而言的，一旦破坏性创新产品的性能超越了现有延续性创新产品性能，破坏性创新就可以形成明确的性能改进轨道，进而演变为延续性创新，其后又会出现下一轮新的破坏性创新。在技术创新不断演进的过程中，随着已定型公司和新加入公司的更替，破坏性创新与延续性创新也在不断更替。对这家公司具有破坏性的创新可能对另一家公司具有延续性的影响。例如，互联网销售对戴尔的电话直销模式而言是延续性创新，而对康柏、惠普和 IBM 的销售渠道来说则是破坏性的。

三、创新的基本内容与过程

（一）创新的基本内容

1. 目标创新　创新目标就是企业通过创新活动，在一定时期内预期所要达到的结果。它是在企业创新思想指导下，为解决企业创新问题，由市场调研确认的创新机会推论出对企业创新活动应达到的理想状态。

（1）创新目标要与企业长远发展战略目标相一致　在确立企业创新目标时，必须有助于企业长期发展战略目标的实现，因为长期发展战略是企业创新的来源。创新目标是从属于发展战略目标的一个子系统，它虽然有其自身的特点，但它是实现企业长期发展战略目标的保证目标，不能偏离或背离战略目标而自行其是。

（2）创新目标要尽可能具体　在确立企业创新目标时，应使抽象的创新目标分层和细化，基本含义必须用词准确，概念清晰，时间和范围明确，有具体的评价指标。而抽象的创新目标执行起来往往令人无所适从。一般要求：一是创新目标要单一并且可以测量；二是创新目标要分层并且能确定责任；三是创新目标要明确其约束条件。

（3）创新目标要考虑实现目标的轻重缓急和力所能及　在确立创新目标时，对于具体目标的确定，一定要优先考虑哪些是企业创新具有重要性、紧迫性、非解决不可，而且是力所能及和可能性很大的目标。这是根据层次目标的轻重缓急而量力而行的原则。

2. 技术创新　是指生产技术的创新，包括开发新技术，或者将已有的技术进行应用创新。科学是技术之源，技术是产业之源，技术创新建立在科学道理发现的基础之上，产业创新主要建立在技术创新基础之上。

技术创新与产品创新既有密切联系，又有所区别。技术创新可能带来但未必带来产品创新，产品创新可能需要但未必需要技术创新。一般来说，运用同样的技术可以生产不同的产品，生产同样的产品可以采用不同的技术。产品创新侧重于商业和设计行为，具有成果的特征，因而具有更外在的表现；技术创新具有过程的特征，往往表现得更加内在。产品创新可能包含技术创新的成分，还可能包含商业创新和设计创新的成分。技术创新可能并不带来产品的改变，而仅仅带来成本的降低、效率的提高。例如，改善生产工艺、优化作业过程，从而减少资源消费、能源消耗、人工耗费或者提高作业速度。另外，新技术的诞生往往可以带来全新的产品，技术研发往往对应于产品或者着眼于产品创新；而新的产品构想往往需要新的技术才能实现。

3. 制度创新　是指在现有的生产和生活条件下，通过创设新的、更能有效激励人们行为的制度和规范来实现社会的持续发展和变革的创新。所有创新活动都有赖于制度创新的积淀和持续激励，通过制度创新得以固化，并以制度化的方式持续发挥着作用，这是制度创新的积极意义所在。制度创新是自主创新的保证，是促进自主创新和经济发展非常重要的动力。

4. 组织结构创新　组织结构不仅是劳动分工与协调的需要，也是运用组织方法调整相关行动者的行为，对其行为进行引导和整合。制度结构、层级结构和文化结构是组织结构最主要的 3 种形式。

（1）制度结构　作为规范组织各参与者之间权力与利益关系规范的总和，制度结构是不同参与者之间的协调机制，是一种权力分配和利益分配机制，它规定了不同参与者应当承担的义务和应享有的权利。在由工业社会蜕变而来的知识社会或后工业社会中，知识正成为最重要的资源，企业内部的权利关系正在向知识拥有者的方向转变，企业的制度结构正从"资本逻辑"转向"知识逻辑"。权力派生于知识（特别是协调知识）的供应，利益（经营成果的分配）由知识的拥有者所控制，正逐渐成为后工业社会或知识社会的基本特征。

（2）层级结构　是对个体成员在组织活动中的关系和行为的规范。日本经济学家青木昌彦（1938—2015 年）把组织内部不同任务单元信息加工活动的分配（认知劳动的分工）称为组织层级结构。实现组织层级结构化包括命令等级链、确定内部汇报和负责关系、划分不同岗位职责、确定组织个体成员的基本行为等。加拿大管理学家亨利·明茨伯格（Henry Mintzberg）认为，一个有效的层级结构要达到 6 种机制的建立：相互调试、直接监督、工作程序标准化、成果标准化或产出标准化、技术（技能）及知识标准化和规范标准化。

（3）文化结构　是指一定文化各种表现形式的内在的有机联结体，包括三个层面，即表层的物质文化、中层的制度文化和深层的精神文化。深层文化是文化的核心，最能体现文化的特质，是最难改变的层面。组织文化通过行为导向、行为激励及行为协调三个方面影响组织成员的行为选择，使他们在不同时空的行为准则趋向协调一致。伴随着后工业化时代的到来，知识经济改变了工业社会企业文化的基础，使企业文化出现了四个方面的调整：①企业文化将成为企业管理重要的甚至是主要的手段。②企业文化将是人们自觉创造的成果。③作为人们自觉行为结果的企业文化不是记忆型的，而是学习型的。④企业文化将在强调主导价值观与行为准则的同时，允许异质价值观和行为准则的存在。

5. 环境创新　环境创新一般是指"创新环境"。20 世纪 80 年代中期，法国的欧洲区域创新环境研究组（GREMI）对欧洲一些地区和美国硅谷进行了研究，探讨了区域增长问题，被认为是关于区域创新研究的开创性工作。GREMI 对区域创新研究的重要贡献之一是提出了环境创新的概念，它将人力资本、地方经营文化、教育体系、基础设施、生产要素和体系质量等都置于创新环境之中。不过 GREMI 所提出的创新环境不是区域创新条件的支持性条件，而是区域创新的空间模式，与产业区和地方生产体系的概念相近。

目前认为，环境创新是指有利于创新的区域条件，包括可控的和非可控的。它既包括社会制度、法律体系、社会心理、社会习俗、经营文化、社会网络等软性因素，也包括基础设施、劳动力、技术与经济存量等硬性因素，大体可分为包括物质技术设施和信息基础设施在内的基础设施环境；包括制度、历史传统、社会氛围、经营文化在内的制度环境；以及包括人力资本、资金、技术在内的资源环境。

（二）创新的基本过程

1. 寻找机会　创新活动是从发现和利用旧秩序内部的一些不协调现象开始的。旧秩序中的不协调既可存在于系统内部，也可产生于对系统有影响的外部。就系统外部而言，有可能成为创新契机的主要有技术的变化、人口的变化、宏观经济环境的变化和文化与价值观念的转变等；就系统内部而言，引发创新的不协调现象主要有生产经营中遭遇到的瓶颈、企业以外的成功和失败等。

2. 提出构想　敏锐地观察到不协调现象，要透过现象探究其原因，并据此分析和预测不协调的变化趋势，估计可能给组织带来的后果，并在此基础上，努力将威胁转变为机会，将危机转变为商机，提出多种解决问题、消除不协调、使系统在更高层次实现平衡的创新构想。

3. 迅速行动　创新成功的秘诀在于迅速行动。创新的构想只有在不断尝试中才能逐渐完善，企业只有迅速行动，才能有效利用"不协调"提供的机会。

4. 忍耐坚持　创新的过程是不断尝试、不断失败、不断提高的过程。因此创新者在开始行动后，为取得最终的成功，必须坚定不移地继续下去，绝不能半途而废，否则便会前功尽弃。

第二节　创业管理的内涵与本质

一、创业的概念

目前，创业已经成为一种普遍的社会现象，是经济发展和社会进步的重要力量，涉及社会生活的方方面面，遍布于社会的不同领域和层次。研究创业问题，必须首先明确什么是创业。关于"创业"，我国早在《孟子·梁惠王下》中就有记载："君子创业垂统，为可继也。"诸葛亮的《出师表》中也有言："先帝创业未半，而中道崩殂。"这两处"创业"都是创立功业或创立基业的意思。

国外学者对创业的定义有不同界定，杰弗里·蒂蒙斯（Jeffry A. Timmons，1997 年）认为，创业是一种思考、推理和行为方式，它为机会所驱动，需要在方法上全盘考虑并拥有和谐的领导能力。霍华德·斯蒂文森（Howard Stevenson，1999 年）等认为，创业是一种管理方式，是个人或组织追踪和捕捉机会的过程，而这一过程与当时控制的资源无关。他认为创业可从发现机会、战略导向、致力于机会、资源配置过程、资源控制和回报政策这六个方面进行理解。罗伯特·C. 荣斯戴特（Robert C. Ronstadt）认为，创业是一个创造财富的动态过程，财富是由这样一些人创造的，他们承担资产价值、时间、事业承诺或提供产品或服务的风险。

由美国巴布森商学院（Babson Business School）和英国伦敦商学院（London Business School）

联合发起，加拿大、法国、德国、意大利、日本、丹麦、芬兰、以色列等 10 个国家的研究者参加的"全球创业监测"项目，将创业定义为依靠个人、团队或一个现有企业来建立一个新企业的过程，如自我创业、一个新的业务组织或一个现有企业的扩张。

国内学者对创业的定义也不尽相同，首都经贸大学工商管理学院宋克勤教授认为，创业是创业者通过发现和识别商业机会，组织各种资源，提供产品或服务，以创造价值的过程。创业包括创业者、商业机会、组织和资源等要素。清华大学教授、中国创业研究中心副主任雷家骕认为，创业是发现、创造和利用商业机会，组合生产要素，创立自己的事业，以获得商业成功的过程或活动，强调创业的目的在于取得商业成功，获得商业利润。香港创业学院院长张世平认为，创业是一种劳动方式，是一种无中生有的财富现象，是一种需要创业者组织和运用服务、技术、器物作业的思考、推理、判断的行为。

管理学会（academy of management）对创业给出的定义是：创业是对新企业、小型企业和家庭企业的创建和经营。本教材将创业定义为新企业的创造。

二、创业管理的内涵

（一）创业管理的概念

创业管理反映了创业视角的战略管理观点。Stevenson 和 Jarillo 于 1990 年提出了创业学与战略管理的交叉，并使用"创业管理"这个词以示二者的融合。他们提供了一个从创业视角概括战略管理和一般管理的研究框架，创业是战略管理的核心。

（二）因素与范式

随着创业管理研究的深入，创业管理研究形成了非常有价值的概念框架模型。如 1985 年卡特纳（W. B. Cartner）提出了个人、组织、创立过程和环境的创业管理模式；1997 年威廉（William）在 Cartner 概念框架的基础上，提出了由人、机会、环境、风险和报酬等要素构成的创业管理概念框架；1999 年蒂蒙斯（Timmons）提出了机会、创业团队和资源的创业管理理论模型；2000 年克里丝森（Christian）提出了创业家与新事业之间的互动模型，强调创立新事业，随时间而变化的创业流程管理和影响创业活动的外部环境是创业管理的核心。

基于创业管理研究领域专家、学者的研究成果，创业管理范式可以概括为以环境的动态性与不确定性以及环境要素的复杂性与异质性为假设，以发现和识别机会为起点，以创新、超前行动、勇于承担风险和团队合作等为主要特征，以创造新事业的活动为研究对象，以研究不同层次事业的成功为主要内容，以心理学、经济学、管理学和社会学方法为工具研究创业活动内在规律的学说体系。

（三）核心与组成

创业管理的核心问题是机会导向、动态性等。所谓机会导向，即指创业是在不局限于所拥有资源的前提下，识别机会、利用机会、开发机会并产生经济成果的行为，或者将好的创意迅速变成现实。创业的动态性，一方面是说创业精神是连续的，创业行为会随着企业的成长而延续，并得以强化；另一方面是说机会发现和利用是个动态过程。

创业管理是一个系统的组合，并非某一因素起作用就能使企业获得成功。决定持续创业成功的系统包括创新活力、冒险精神、执行能力及团队精神等，创业需通过这样的系统来把握机会、环境、资源和团队。创业管理的根本特征在于创新，创新并不一定是发明创造，而更多的是对已有技术和要素的重新组合；创业并不是无限制的冒险，而是理性地控制风险；创业管理若没有一套有效的成本控制措施和强有力的执行方案，则只能导致竞争力的缺失；创业管理更强调团队中不同层级员工的创业，而不是单打独斗式的创业。

三、创业管理与传统管理的区别

（一）时代背景不同

传统职能管理产生、成熟于机器大工业时代，而今天，世界正在经历从工业社会向消费社会和信息社会的转变，这就是创业管理产生的新经济时代。传统的管理范式聚焦于商品，是技术导向型的，研发、设计、工程、大批量制造、大市场、大规模操作、自动化和专业化都是重要因素。在知识经济时代，产品市场的生命周期缩短，重点是如何快速进入和退出市场，迅速推出升级产品，竞争的关键转向产品生命周期的前端，新事业、新产品策略包括研发管理、创新管理、知识产权管理等。

（二）研究客体不同

传统的管理理论是以现有的大公司为研究对象，创业管理理论则是以不同层次的新建事业及新的创业活动为研究对象。传统管理理论侧重于向人们提供在现存大企业中开展管理工作所需要的知识和技能，灌输用保守的规避风险的方式来运用这些理论和分析方法，目的是培养优秀的职业经理人。而创业管理是培养优秀的企业家，研究客体不仅仅包括中小企业，研究内容也不是一般企业管理知识在中小企业的翻版。

（三）研究出发点不同

传统职能管理的出发点是效率和效益，创业管理的出发点是通过找寻机会，取得迅速的成功与成长。创业管理的核心是机会导向，即创业是在不局限于所拥有资源的前提下，识别机会、开发机会、利用机会，并产生经济成果的行为。

（四）内容体系不同

传统职能管理通过计划、组织、领导和控制来实现生产经营，创业管理则是在不成熟的组织体制下，更多地依靠团队的力量，靠创新和理性冒险来实现新事业的起步与发展。创业管理是围绕如何识别机会、开发机会、利用机会而展开的。其中创业过程中组织与资源之间的关联性和耦合性是研究的重点之一。它包括个人的知识准备与新机会之间的耦合、创业过程中核心团队成员的知识与性格的耦合、现有资源与事业成功的战略之间的耦合、新的潜在事业特征与当前用户实践之间的耦合等。

四、创业管理的基本原则

（一）合伙人原则

一个人只有把工作当作事业才有成功的可能，一个企业只有把员工当作"合伙人"才有机会迅速成长。所以创业团队要先解决价值分配障碍，然后去找自己的"合伙人"。

（二）激情原则

激情是衡量一个人能否成功的标准。创业团队要选择对项目有高度热情的人加入，并且要使所有人在企业初创时就有每天长时间工作的准备。

（三）团队原则

团队是企业凝聚力的基础，成败是整体而非个人，成员能够同甘共苦，经营成果能够公开且合理分享，团队就会形成凝聚力，并更快地与公司融为一体。

（四）互补原则

建立优势互补的团队是创业成功的关键。"主内"与"主外"的不同人才、耐心的"总管"和具有战略眼光的"领袖"、技术与市场两方面的人才都不可偏废。

（五）看人原则

创业团队要注意个人的性格与看问题的角度，团队里必须有总能提出建设性意见和不断发现团队问题的成员，一个都喜欢说好话的组织是不可能成为一个优秀团队的。

五、创业管理的基本理论模型

（一）蒂蒙斯创业模型

该创业模型由杰弗里·蒂蒙斯（Jeffry A. Timmons）于1989年提出。他认为，一个成功的项目需要创业者掌控三个要点，即商业机会、团队和资源。

1. 商业机会　好的项目往往从需求开始，发现痛点，解决问题，定义商品，最终形成稳定的商业模式。商业机会需要有足够大的想象和发展空间。创业者常犯的错误就是误认商机，甚至凭空想象顾客需求，花费了大量精力和资源去做顾客根本不需要的产品。《精益创业》一书有助于创业者少做无用功。

2. 团队　创业项目确定后，创业者需要组建一个团队，且在最短时间内完成商业计划。公司的本质是由人和流程组成的系统，其中人力资源是系统的核心。梅雷迪恩·贝尔宾（Meredith

Belbin）认为，一个完善的组织需要智库、社交和执行三大类 9 种人才。创业者在团队中的角色就像一个汽车的发动机，需要表现出强大的领导力。一个合格的领导要对行业和商业机会有深刻的理解，目标明确；有能力创建一个系统去实现目标；言传身教，以身作则，敢于承担责任；全心全意为顾客、员工和股东服务。

3. 资源　资源通常指社会经济活动中人力、物力和财力的总和，是社会经济发展的基本物质条件。人们通常犯的错误就是低估做一件事情所需要的资源，往往认为自己什么都可以干。为此，面临选择时要提醒自己，你所拥有的资源能够支撑你的计划吗？你所做的决定对公司发展有益吗？

（二）蒂蒙斯创业机会评价体系

蒂蒙斯的创业机会评价体系，涉及行业与市场、经济因素、收获条件、竞争优势、管理团队、致命缺陷、创业者的个人标准、理想与现实的战略差异等 8 个方面的 53 项指标。通过定性或量化的方式，创业者可利用这个体系对行业与市场问题、竞争优势、财务指标、管理团队和致命缺陷等做出判断，评价一个创业项目或创业企业的投资价值和机会。蒂蒙斯创业机会评价体系见表 1 - 1。

表 1 - 1　蒂蒙斯创业机会评价体系

序号	项目	指标
1	行业与市场	1. 市场容易识别，可以带来持续收入 2. 顾客可以接受产品或服务，愿意为此付费 3. 产品的附加值高 4. 产品对市场的影响力大 5. 将要开发的产品生命力长久 6. 项目所在的行业是新兴行业，竞争不完善 7. 市场规模大，销售潜力达到 1000 万 ~ 10 亿元 8. 市场成长率在 30% ~ 50%，甚至更高 9. 现有厂商的生产能力几乎完全饱和 10. 在 5 年内能占据市场的领先地位，达到 20% 以上 11. 拥有低成本的供货商，具有成本优势
2	经济价值	1. 达到盈亏平衡点所需要的时间在 1.5 ~ 2 年 2. 盈亏平衡点不会逐渐提高 3. 投资回报率在 25% 以上 4. 项目对资金的要求不是很大，能够获得融资 5. 销售额的年增长率高于 15% 6. 有良好的现金流，能占到销售额的 20% ~ 30% 7. 能获得持久的毛利，毛利率达到 40% 以上 8. 能获得持久的税后利润，税后利润率超过 10% 9. 资产集中程度低 10. 运营资金不多，需求量是逐渐增加的 11. 研发工作对资金的要求不高
3	收获条件	1. 项目带来附加值具有较高的战略意义 2. 存在现有的或可预料的退出方式 3. 资本市场环境有利，可以实现资本的流动

续表

序号	项目	指标
4	竞争优势	1. 固定成本和可变成本低 2. 对成本、价格和销售的控制较高 3. 已经获得或可以获得对专利所有权的保护 4. 竞争对手尚未觉醒，竞争较弱 5. 拥有专利或具有某种独占性 6. 拥有发展良好的网络关系，容易获得合同 7. 拥有杰出的关键人员和管理团队
5	管理团队	1. 创业者团队是一个优秀管理者的组合 2. 行业和技术经验达到本行业内最高水平 3. 管理团队的正直廉洁程度能达到最高水平 4. 管理团队知道自己哪方面知识缺乏
6	致命缺陷	不存在任何致命缺陷
7	创业者的个人标准	1. 个人目标与创业活动相符 2. 创业者可以做到在有限的风险下实现成功 3. 创业者能接受薪水减少等损失 4. 创业者渴望进行创业这种生活方式，而不只是为了赚大钱 5. 创业者可以承受适当的风险 6. 创业者在压力下状态依然良好
8	理想与现实的战略性差异	1. 理想与现实情况相吻合 2. 管理团队已经是最好的 3. 在客户服务管理方面有很好的服务理念 4. 所创办的事业顺应时代潮流 5. 所采取的技术具有突破性，不存在许多替代品或竞争对手 6. 具备灵活的适应能力，能快速地进行取舍 7. 始终在寻找新的机会 8. 定价与市场领先者几乎持平 9. 能够获得销售渠道，或已经拥有现成的网络 10. 能够允许失败

评价说明：

1. 该评价体系主要适用于具有行业经验的投资人或资深创业者对创业企业的整体评价。

2. 该指标体系只有运用创业机会评价的定性与定量方法，才能得出创业机会的可行性及不同创业机会间的优劣排序。

3. 该指标体系涉及的项目较多，在实际运用中可作为参考选项，结合使用对象、创业机会所属行业的特征及机会属性等进行重新分类、简化，以提高使用效能。

4. 该指标体系的内容比较专业，使用时不仅要多了解创业行业、企业管理和资源团队等经验，还要掌握每项指标的具体含义和评估技术。

第三节　创新与创业的关系

瑞典管理学家凯伊·米可斯（Kaj Mickos，2004 年）认为，"创业不是创新，创新也不是创业。创业可能涉及创新，或者也并不涉及；创新可能涉及创业，或者也并不涉及"。创新学派的观点强调创新与创业的内在联系，主张"创业是实现创新的过程，而创新是创业的本质和手段"。

创新与创业概念不同，二者是相辅相成、无法割裂的关系。创新是创业的手段和基础，而创业是创新的载体。创业者只有通过创新，才能使所开拓的事业生存、发展并保持持久的生命力。有了创新不一定能走向创业。

一、创新与创业的联系

创新与创业都是赋予资源以新的创造财富能力的行为，都是以实现价值创造为归宿，成功的创业离不开创新。"创新型创业"是"创新"和"创业"的交集部分，会更容易形成独特的竞争优势，也更有可能为顾客创造并带来新的价值。

1. 创新是创业的本质和灵魂　创新是创业的源泉，是创业的本质和灵魂，是创业者的重要特征。创业往往在创新中产生，创新因创业而实现其价值。创业通过创新拓宽商业视野，获取市场机遇，整合独特资源，推进企业成长。没有创新的企业是很难长期生存的。现代创新理论的提出者约瑟夫·熊彼特曾提出，"创业包括创新和未曾尝试过的技术"。创业者只有在创业的过程中具有持续不断的创新思维和创新意识，才能产生新的富有创意的想法和方案，才能不断寻求新的模式、新的思路，最终获得创业的成功。可以说，创新思维和创新意识是最重要的创业资本。

2. 创新的价值在于创业　创新的前提是创意，创新的延续是创业。创意和创新本质上都属于思维、观念、方法、模式等，还不能从根本上解决经济问题，唯有通过创业，才能将创意和创新落到实处。从一定程度上讲，创新的价值就在于将潜在的知识、技术和市场机会转化为现实生产力，实现社会财富的增长，造福于人类社会，而实现这种转化的根本途径就是创业。创业者可能不是创新者或发明家，但必须具有能发现潜在商机的能力和敢于冒险的精神；创新者也不一定是创业者或企业家，但是创新的成果则是经创业者推向市场，使潜在的价值市场化，这样创新成果才能转化为现实生产力。这也从侧面体现了创新与创业的关联性。

3. 创业推动并深化创新　创业行为可以推动新发明、新产品或新服务的不断涌现，创造出新的市场需求，从而进一步推动和深化各方面的创新。从这个角度讲，也就提高了企业、区域乃至整个国家的创新能力，推动了经济的增长。

二、创新与创业的区别

知识经济的核心就在于社会经济由许许多多的创新活动构成，这些创新活动有可能经历了由创意、发明创造到创业的过程。如凯伊·米可斯所说，创新与创业不能完全等同，在很多情况下，两者甚至处于有着明显界限的不同领域。创新与创业的主要区别体现在以下几个方面。

1. 起点不同　创业不一定非得创新，创业并不一定拘泥目前的资源约束，甚至可以白手起家。创业者更注重寻求机会和创造性地整合资源，关注的是机会、市场和顾客；创新则往往通过对现有资源——生产要素实施新组合，或是以某项发明创造为起点，通过开发利用并将其推向市场，而实现价值创造。

2. 手段不同　创业重"业"，往往通过创建新的企业，通过组织变革和创新来实现财富创造；创新则不一定通过组织变革的手段来实现价值创造，因而创新并非一定涉及创业。

3. 主体和客体不同　创业的主体通常是创业者个人，或由个人主导的创业团队；创新的主体除个人外，还有企业、政府、高校或者科研院所等多种形式。创新的客体可以是技术、产品、工艺、组织、流程、管理、模式、观念、方式等，创业的客体通常是一个企业或组织。

【课后训练】

假如毕业后你打算创业，请结合自己所学专业及特长，选择一个创业机会，利用蒂蒙斯的创业机会评价体系了解并分析该创业机会的投资价值。

【案例分析】

Uber 创始人：从失败走向成功

《商业周刊》近期采访了私家车打车服务 Uber 创始人、首席执行官特拉维斯·卡拉尼克（Travis Kalanick），尽管他与一般的硅谷创业家不同，不是 T 恤加牛仔裤，而是一身合身的正式西装，但这位非典型的企业家却很可能是引领下一波科技创新的灵魂人物。

用 Uber 打车很简单，只需在手机上打开专用的 APP 程序，就可以看到地图上各辆空车，然后点击按键叫车，屏幕上立刻就会显示出司机的照片、名字与联系电话。

然而，想用创新方式让消费者像绅士、贵妇一样，必须顶住来自主管部门的管制及地方出租车从业者的威胁。这也是卡拉尼克被其他创始人推荐为 CEO 的原因。"知道我背景的人，就知道打官司对我就像回家般熟悉。"他说。

卡拉尼克出生于洛杉矶，小学六年级就会编写程序，是个典型的硅谷小孩。1998 年，他大四时，从加州大学洛杉矶分校计算机工程系辍学，与同学合作创办了 Scour 网站，让网友交换音乐、影片。可想而知，与美国 Napster 等音乐交换网站一样，他创立的首家公司遭到了 30 多家大型电影、音乐公司的侵权指控，要求赔偿 2500 亿美元损失。最后，他与同学被迫卖掉公司，偿付赔款并宣告破产。

关闭 Scour 网站的挫折，未能打垮卡拉尼克。打过难缠官司的人，绝大多数从此做事变得保守，但卡拉尼克不同，他反而变得更加强悍。他说，"我属于比较少数的那种"。经过这次教训后，他反而深信，新创事业总会颠覆惯性规则，法律上站得住脚，就无需屈服。

2001 年他再接再厉，与朋友合作创立了 Red Swoosh 公司，采用类似的技术为内容提供商降低网络流量负担。在此期间，他曾付不起房子、多次赔到一文不名，直到公司渐渐有所起色。2007 年，卡拉尼克以 1700 万美元卖掉 Red Swoosh，那年他 31 岁，成了千万富翁。

Uber 是他与两名友人在 2010 年于美国旧金山推出的服务。他们与出租车公司签订合约，以 iPhone 作为计费跳表器，让高级出租轿车能在空闲时提供出租车服务。Uber 上线 4 个月后，他就知道这个点子成功了，因为公司收到了旧金山市政府发出的勒令停止营业公文。由于 Uber 服务跳出了传统范畴，模糊了高级出租车与平价出租车之间的界限，费率未经审查，车辆没有漆成规定颜色，并挑战了主管部门的审查制度，从而引发了传统出租车公司的群体抗议。

在与律师讨论后，卡拉尼克不但不搭理公文，甚至还号召网友签署请愿书，发起以电子邮件向市长信箱反馈的活动，最后这纸公文不了了之，Uber 的黑头车照样在旧金山满街跑。但当 Uber 服务进入其他城市时，在纽约、华盛顿和加拿大温哥华都遇到了类似的阻碍。目前，Uber 正发起对休斯敦市政府的请愿活动。"市政府只是在保护当地没有竞争力的出租车从业者。"卡拉尼克说。

他的强悍与耐心得到了回报。尽管 Uber 从未透露过盈利情况，但《华尔街日报》旗下的科技网站 All Things D 估计，该公司 2013 年的营业收入将达到 1.25 亿美元。卡拉尼克对此不愿证实，但他得意地强调：外界估计的只是 Uber 抽取的佣金，而不是搭车总金额。Uber 在 2012 年 7 月举办的冰激凌车到家服务，一天就卖出了数万支冰激凌，成功展现了跨行业服务。"未来只要是用交通工具传送的业务，我们都会尝试。"他毫不掩饰公司扩张的野心。

（资料来源：https：//www.yicai.com/news/2915307.html）

思考：试用创业管理的原则分析 Uber 的故事。

第二章
创业机会的市场分析

企业经营越来越像"潮头弄浪"。作为经理人，你必须每天都对经营环境进行扫描，捕捉预示重大变化的蛛丝马迹。

——马歇尔·戈德史密斯

【学习目标】

1. 掌握寻找市场机会和评价市场机会的方法。
2. 熟悉市场分析的内容、市场分析的目的和思路。
3. 了解市场及市场机会的本质与特征。

【案例导入】

如何寻找市场机会

一山村产石，村民打石卖给修公路的，虽勤苦劳作，仍薪资微薄。某人见石头光怪陆离，便灵机一动，将石头卖进城做景观，成为全村首富。后来政府禁止开山采石，村民便开始改种香梨。某人见山村梨树众多，便改种柳树，结果靠编柳条筐装梨迅速发家。几年后，火车经过村庄，某人在铁轨旁建起石墙，引得众人不解。不久，某人在墙上刷起了知名品牌的广告获得了不菲的广告收入。

（资料来源：http://www.360doc.com/content/18/0108/15/51477368_ 720230212. shtml）

【讨论】

1. 什么是市场机会?
2. 市场机会有什么特点?

第一节 市场与市场分析

一、市场概述

市场的概念和内涵是随着商品经济发展而不断变化丰富的，在不同的历史阶段、不同的环境和学科背景下，市场的概念也有所不同。市场概念的代表性观点主要有以下几种。

（一）传统意义的市场

市场是一个地理性概念，即买卖双方进行商品交换的地点、场所或地区，这是市场最原始、最直观的概念，如生活中随处可见的各类批发市场、集市等。

（二）经济学中的市场

从经济学商品供求关系讲，市场是所有卖者和买者构成的商品交换关系的总和，反映了市场上供求关系的基本状况和相对地位。了解市场供求关系、结构状况及变化趋势，有助于企业正确进行管理决策，有效开展企业营销活动。

（三）管理学中的市场

从管理学角度讲，市场是指营销市场，有现实的和潜在的顾客。企业在制定产品营销策略时，首先需要明确自己的产品市场由哪些消费者构成、规模有多大、有哪些特定的需要、发展变化趋势如何等。因此，企业的产品市场容量大小主要取决于人口、购买力和购买欲望三个要素。人口是形成市场的基本要素，人要发展，就会产生需要，形成市场，因此人口总量的多少，决定了市场的大小。购买力是由购买者可支配收入决定的购买商品和服务的能力，可支配收入越多，购买者对所需要商品的购买力就越强。购买欲望是购买者购买商品和服务的动机、意愿，是实现潜在顾客转为现实顾客的重要条件。如果有人口和购买欲望，而无购买力，或者有人口、有购买力，无购买欲望，都不能促进真正的交易，形成不了现实的有效市场，只能是潜在顾客、潜在市场。因此，企业的营销努力主要实现两个目的：一是帮助顾客解决购买力问题，如通过分期、按揭等方式，鼓励顾客达成交易行为；二是通过营销活动，激发顾客需求，提高购买欲望。

二、市场分析

（一）市场分析的目的

市场分析是基于企业特定产品和服务对市场规模、容量、性质、特点等搜集数据和资料，采用适当的方法，探索市场变化规律，了解市场供需变化趋势及影响因素。企业的经营战略必须以市场分析为前提。企业只有提供符合市场需要的产品和服务，才能赢得竞争优势。因此，企业只有认清市场，不断适应市场，洞悉市场变化，不断根据市场需要有效配置资源，提升企业运营能力，才能获得可持续发展。

市场分析的主要任务是：①分析预测市场容量。②分析市场竞争对手。③确定企业生产规模。④估算企业项目经济效益。

（二）市场分析的思路

市场分析的一般思路是从宏观、中观、微观三个层面去分析市场，最终落实到创业项目本身。通过市场分析了解行业目前的布局现状和发展趋势；在分析行业宏观环境和微观环境的基础上，结合自身的优势与劣势找到好的市场切入口，寻求适合于自身的市场发展战略。

第二节　市场分析的内容

市场分析主要有四类对象，分别是环境、行业、企业和业务单元。不同的分析对象有不同的市场分析方法。

一、环境分析

PEST 分析法是从政治、经济、社会、技术四个方面进行外部宏观环境分析的主要方法。

1. 政治要素　是指制约和影响企业经营活动、管理活动的各种政治性要素，如政治制度、方针政策、法律法规等。当政治制度与体制、政府对组织所经营业务的态度发生变化时，当政府发布了对企业经营具有约束力的法律、法规时，企业的经营战略必须随之做出调整。法律环境主要包括政府制定的对企业经营具有约束力的法律、法规，如反不正当竞争法、税法、环境保护法及外贸法规等，政治、法律环境是与经济环境密不可分的因素。处于竞争中的企业必须仔细研究政府与商业有关的政策和思路，如研究国家的税法、反垄断法以及取消某些管制的趋势，同时了解与企业相关的一些国际贸易规则、知识产权法规、劳动保护和社会保障等。这些相关的法律和政策能够影响企业的运行和利润。

2. 经济要素　是指影响企业经营管理活动的宏观经济状况，主要包括经济体制、经济结构、产业布局以及经济发展水平和未来的经济发展趋势等。由于企业是处于宏观大环境中的微观个体，经济环境决定和影响其自身战略的制定，经济全球化还带来了国家之间经济上的相互依赖性，企业在各种战略的决策过程中还需要关注、搜索、监测、预测和评估本国以外其他国家的经济状况。

3. 社会要素　是指企业所在社会的各种构成要素，内容较为宽泛，包括社会制度、文化传统、宗教信仰、社会舆论、风俗习惯等。与企业经营管理活动紧密相关的如人口规模、年龄结构、价值观念、收入分布、消费结构和水平以及人口流动性等。其中人口规模直接影响着一个国家或地区市场的容量，年龄结构则决定消费品的种类及推广方式。

每一个社会都有其核心价值观，它们常常具有高度的持续性，这些价值观和文化传统是历史的沉淀，是通过家庭繁衍和社会教育而传播延续的，因此具有相当的稳定性。而一些次价值观是比较容易改变的。每一种文化都是由许多亚文化组成的，它们由共同语言、共同价值观体系及共同生活经验或生活环境的群体所构成，不同的群体有不同的社会态度、爱好和行为，从而表现出不同的市场需求和不同的消费行为。

4. 技术要素　是指社会技术总体发展水平和变化趋势。企业应重点关注与企业经营业务有关的新技术、新工艺、新材料的发展趋势和应用前景。

在过去的半个世纪里，最迅速的变化就发生在技术领域，像微软、惠普、通用电气等高技术公司的崛起改变了世界和人类的生活方式。同样，技术领先的医院、大学等非营利性组织，也比没有采用先进技术的同类组织具有更强的竞争力。

二、行业分析

波特五力模型是进行行业分析的主要方法，该方法由迈克尔·波特（Michael Porter）于 20 世纪 80 年代初提出。波特五力模型认为，行业中存在着 5 种基本力量，这 5 种基本力量决定了行业的竞争规模和发展格局。5 种力量分别是行业内现有竞争企业的竞争能力、行业的潜在新进入企业的威胁力、拥有替代产品和服务企业的替代能力、供应商的讨价还价能力和购买者的议价能力。波特五力模型将企业和企业所面临的 5 种基本市场力量纳入分析框架，并以此反映行业的基本竞争态势。见图 2 - 1。

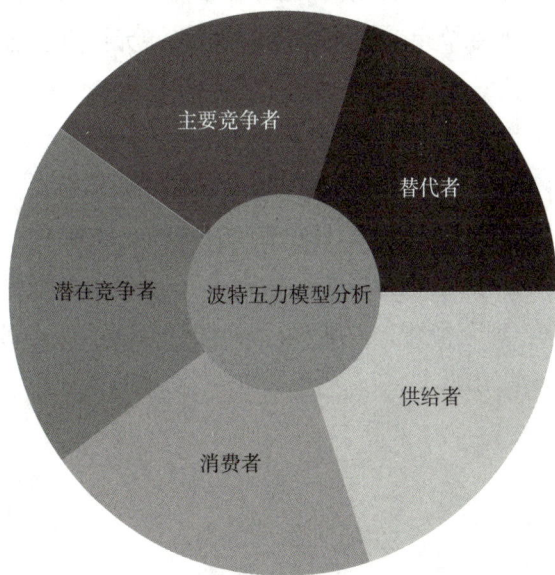

图 2 - 1　波特五力模型

波特五力模型为分析市场环境提供了新的视角，该理论模型的建立有赖于以下三个假定基础。

1. 运用该方法分析，制定企业战略需要，了解整个行业信息。

2. 行业之间只有竞争，没有合作，但现实生活中，同行业企业间的合作比比皆是。

3. 行业的规模是固定的，只有通过抢夺竞争对手的份额来占有更大的市场和资源。现实中企业之间往往不是通过吃掉对手而是与对手共同做大行业蛋糕来获取更大的资源和市场的。同时，市场可以通过不断的开发和创新来增大容量。

三、企业分析

SWOT 分析法是企业在寻求战略方向时的常用方法。所谓 SWOT 分析就是通过调查，将与企业未来发展密切相关的各种内部优势、劣势和外部环境可能带来的机会和威胁一一列举，再按照矩阵形式排列，用系统分析的方法，将各种因素相互匹配综合考虑，从而得到一系列相应的结论。运用 SWOT 分析法可以对企业所处的情境进行全面、系统、准确的研究，从而根据研究结果制定相应的发展战略、计划及对策等。

四、业务单元分析

波士顿矩阵（BCG Matrix），又称市场增长率－相对市场份额矩阵、四象限分析法，是企业进行业务单元分析的常用方法，由美国著名管理学家、波士顿咨询公司创始人布鲁斯·亨德森于 1970 年提出。波士顿矩阵主要关注两个指标：即销售增长率和市场占有率。该方法的核心理念在于分析企业相关经营业务之间现金流量的平衡问题，从而找到企业现金资源的产生单位和最佳使用单位。

将企业所有业务单元从销售增长率和市场占有率维度进行组合，在坐标图中，横轴表示市场占有率，纵轴表示企业销售增长率，将坐标图划分为四个象限，并依次冠以"明星类""瘦狗类""问号类""现金牛类"业务单元，依次说明不同业务单元的发展前景。

1. 明星类产品 销售增长率和市场占有率均较高的双高业务单元。

2. 瘦狗类产品 销售增长率和市场占有率均较低的双低业务单元。

3. 问号类产品 销售增长率较高、市场占有率较低的业务单元。

4. 现金牛类产品 销售增长率较低、市场占有率较高的业务单元。

按照波士顿矩阵分析，企业最佳的业务单元组合是：迅速淘汰"瘦狗类业务单元"，努力让"明星类业务单元"转化成"现金牛类业务单元"，保证"现金牛类业务单元"不受不利因素冲击，暂时保留"瘦狗类业务单元"。

第三节　市场机会

一、市场机会概述

（一）市场机会的概念

市场机会是指市场上存在的尚未满足或尚未完全满足的显性或隐性的需求。市场机会分析是企业市场经营管理过程的起点和基础，是确定企业目的的重要依据，是企业产品决策的基础，能够为新产品开发提出方向，指明潜在的发展趋势。

（二）市场机会的一般特征

1. 公开性 是客观存在的，每个企业都有可能发现它。

2. 时间性 机会的效用价值与时间呈反比。

3. 理论上的平等性 任何个人和企业都能发现某一市场机会并加以利用。

4. 实践上的不平等性 机会的特等条件和企业的自身情况导致利用机会的结果不同。

（三）市场机会的类型

1. 环境机会与企业机会 环境机会是指由于环境的变化形成的各种未被满足的需求。环境机会对不同的企业来讲，并不一定都是最佳机会，因为这些机会不一定符合企业的目标和能力，只有符合企业发展定位与目标，并有利于企业充分发挥自身优势的环境机会，才是真正的企业机会。在市场分析中，企业应认清企业现状和能力优势，充分发掘、把握符合企业目标和能力的环境机会，并对其评价，做出合理决策，获得收益。

2. 显性市场机会与隐性市场机会 能够被消费者清晰描述或者可以主动提出的需求就是显性市场机会，消费者没有直接提出、不能清晰描述的需求就是隐性市场机会。显性市场机会易于被人们发现、识别、关注，因此利用这种机会的企业较多，取得的机会效益相对较低。隐形需求不易被人们识别、发现，因此关注的企业较少，一旦企业抓住和利用这种机会，反而能取得比较高的机会效益。

3. 行业性市场机会与边缘性市场机会 在企业所处的行业或经营领域中出现的市场机会称为行业性市场机会，在不同行业之间的交叉或结合部分出现的市场机会称为边缘性市场机会。因现有业务和生产经营条件的限制，企业更易关注并利用行业性市场机会，由于行业内企业之间的竞争，各企业竞相追逐，使得行业性市场机会效益减弱甚至丧失。因行业壁垒的存在，企业利用行业外出现的市场机会，通常又会遇到较大的困难或障碍。这种情况，促使一些企业在行业之间的交叉或结合部分寻求较为理想的市场机会。边缘性市场机会因其较为隐蔽，往往不易被大多数企业重视和发现，因此利用这种机会的企业更容易取得较高的机会效益。寻找和识别边缘性市场机会的难度较大，需要企业市场人员具有丰富的想象力和较强的开拓精神。

4. 目前市场机会与未来市场机会 在目前的环境变化中市场上出现的未被满足的需求称为目前市场机会，通过市场研究和预测分析判断将在未来某一时间内出现的需求称为未来市场机会。企业研判未来市场机会，提前开发设计产品并在机会到来之时迅速抢占市场，易于取得领先地位和竞争优势，机会效益较大，但由于未来机会的不确定性企业需要承担较大的风险。企业应将这两种市场机会的寻找和分析工作结合起来，既重视目前市场机会给企业带来的确定性收益，又高瞻远瞩，未雨绸缪，争取未来市场机会。

5. 全面市场机会与局部市场机会 在大范围市场出现的未满足的需要称为全面市场机会，在局部范围内或细分市场出现的未满足的需要称为局部市场机会。前者意味着整个市场环境变化的一种普遍趋势，后者则意味着局部市场环境的变化有别于其他市场部分的特殊发展趋势。分析这两种市场机会，对于企业研判市场规模，了解需求特点，从而有针对性地开展市场营销非常必要。

二、寻找市场机会的方法

（一）广泛收集意见和建议

企业内部各个部门是新意见和建议的一大来源，但机会信息更多地来源于企业外部，如中间商、专业咨询机构、政府部门等。尤其是顾客群体，他们的意见能够直接反映市场机会的变化倾向。把握机会，就是把握顾客变化的动因和条件。顾客的变化，绝不会凭空产生，天上不会掉馅饼。因此，企业必须与各方面保持密切联系，经常倾听他们的意见，并对这些意见进行归纳和分析。收集、归纳、分析的方法主要有以下几种。

1. 询问调查法　询问调查法是指调查人员通过询问，从调查对象的反馈回答中获得信息资料的方法。询问调查法是市场调查中最常用的方法，通过调查，获得消费者的心理、动机、偏好、购买意愿等信息。

2. 德尔菲法　德尔菲法是采用通讯方式将所需解决的问题单独发送给相关领域的专家征询意见，专家反馈意见后，整理出综合意见，并将问题及综合意见再次反馈给专家。专家根据综合意见完善修改原有意见，然后再次汇总，逐渐得到比较一致的预测结果。

3. 头脑风暴法　头脑风暴法又称智力激励法、脑力激荡法，是指主持者创设宽松、自由的氛围，通过专家间的相互交流，尽可能激发创造力，从而产生尽可能多的创新性想法。

（二）建立完善的市场信息系统，开展经常性市场研究

完善的市场信息系统为分析市场机会提供了大量的数据资料，分析利用这些数据资料，有助于从中寻找和发现市场机会，经常性的市场研究是补充市场信息系统中信息资料的主要手段。所以，完善市场信息系统和开展经常性的市场研究是企业寻找和识别市场机会的基础和关键，企业必须给予高度重视。如果企业没有一个完善的市场信息系统并进行经常性的市场研究，只靠主观臆断或偶然性的分析预测，要想发现市场机会并把它转为成功的企业市场开拓，那是不可能的。例如，在空调没有普及的情况下，大力推销席梦思，无异向顾客"推销麻烦"，让顾客大汗淋漓地陷在软绵绵的床垫中，这样的产品即使质量再好，也没有办法依靠它去开拓市场。

三、市场机会评价

企业分析、评价市场机会的第一步，就是要从寻找到的环境机会中挑选与公司目标、能力一致的公司机会。对挑选出的公司机会进行集合，称之为公司机会群（company opportunity set）。而要从公司机会群中寻找与公司能力一致的机会，则需要进行公司机会的综合评价分析。见表 2 – 1。

表 2 - 1 市场机会综合分析评价表

评价项目	项目加权值	该机会分值					得分 (1) × (2)
		5	4	3	2	1	
潜在顾客群体大小	0.05						
机会发展潜力	0.05						
市场需求潜力	0.05						
形成产品难度	0.02						
现有渠道利用程度	0.02						
潜在竞争程度	0.02						
公司销售潜量	0.05						
营销成本和费用大小	0.02						
预期获利能力	0.05						
……	……						
	1						

说明：结合行业特点，确立市场机会评价项目变量，根据评价变量重要程度，赋予相应权重值，所有权重值总和应等于1。对机会评分，可根据该机会在某一项目的具体情况，给予1~5分的评定。最右边为加权后的分值，即该项目加权值乘以该机会分的结果，然后将各项目加权后的分值加和，即得到该机会的总加权评分。最后，将各机会分值按大小依次排列，从中选择最优者。

【案例分析】

两个相反的市场汇报电报

一家美国鞋业公司，为了扩大产品市场，决定把皮鞋卖到非洲的 A 国。公司老板首先派财务经理去考察市场。财务经理一抵达 A 国，沮丧地发现当地的人们都没有穿鞋子的习惯。他大失所望，回到旅店，马上给公司总经理发电报："这里的居民从不穿鞋子，这里没有市场。"

公司总经理决定把公司最好的营销经理派到 A 国做进一步考察。营销经理到达 A 国后，同样发现当地的居民都没有穿鞋子的习惯，他兴高采烈地给老板发回一份电报："这个国家的居民没有鞋穿，这里市场潜力巨大。"

（资料来源：http://www.360doc.com/content/22/0509/09/272091_ 1030447381. shtml）

思考：为什么同样的市场状况，却有不同的市场分析结果？这个案例对市场分析有什么启发？

在当今社会中，一切都是项目，一切也将成为项目。

——保罗·格雷斯

【学习目标】

1. 掌握项目的定义、特点、分类，项目管理的内容和步骤；掌握工作分解结构、甘特图和 PDCA 等方法，并能运用这些方法对创业项目进程进行管理。

2. 熟悉项目管理五个步骤的要点。

3. 了解项目管理过程；了解并形成科学管理的意识和思维，以此启动和管理创业项目。

【案例导入】

艰难的《三体》影视化改编之路

《三体》系列小说是我国著名科幻作家刘慈欣撰写的史诗级巨作，是一部非常典型的硬科幻作品，也是中国当代最杰出的科幻小说，2006 年一经发行就大受欢迎。小说的第一部和第三部分别在 2007 和 2011 年两度获得国内科幻文学最高荣誉——银河奖。作品在国内外收获了大批粉丝，如小米公司总裁雷军、美国前总统奥巴马、脸书（facebook）公司创始人马克·扎克伯格。其外译本也在 2015 年获得世界科幻文学最高奖——雨果奖，创造了中国科幻界的历史。《三体》系列小说迅速成为炙手可热的大"IP"，掀起了刘慈欣作品的影视化改编浪潮。其作品《流浪地球》先后被改编成电影和漫画，其中电影票房位居当时中国影史票房第二位，而更负盛名的《三体》系列小说影视化改编却迟迟未能与观众见面。

早在 2009 年，导演张番番夫妇就以十万元从刘慈欣手中购买了《三体》的影视化版权。此后，他们四处寻求投资，但由于各种原因，并没有获得众多投资人的青睐。最后，网络游戏领域的上市公司游族网络看中了《三体》的巨大"IP"价值，抱着打造轻迪士尼品牌和互联网生态下的好莱坞式电影工业的梦想，在 2014 年成立了游族影业公司，并决定斥巨资开发由张番番执导的电影版《三体》项目。但 1 年多后，在游族、光线传媒和其他投资方投入两亿多元的情况下，原计划在 2016 年夏季上映的《三体》，仍跳票宣布无限延期。电影跳票后，张番番和游族都承受了来自公众的巨大压力。从商业合规的角度看，张番番没有放弃版权的问题，但事实上，投资被浪费了，项目真的被推迟了。由于原著小说的影响力大，因而具有了一定的公共属性。电影拍摄失败后，游族影业陷入混乱，3 年内换了 4 位首席执行官。张番番最终选择了放弃，于 2018 年以 1.2 亿元的价格将《三体》卖给了游族网络。游族网络重组新公司"三体宇宙"，专注于幻想"IP"的开发和运营，成为《三体》系列的全球版权方。

随后，游族网络重新启动了《三体》的影视化改编，并陆续发布了《三体》英文剧集、国产电视剧、动画和真人版电影的改编进程，人们对《三体》改编作品也有了更高的期待。但如前所述，与热度和期待伴随的也有怀疑及争议。观众对英文剧集演员阵容、国产影视改编的特效制作仍抱有疑虑，改编中的困难仍不容忽视。

（资料来源：根据网易新闻、澎湃新闻、华亿财经等网络媒体报道改编）

对投资者和创作者来说，《三体》系列小说的影视化改编不啻为一次新的创业过程。回顾多年的改编之路，除资金外，项目团队，尤其是各合作方之间的关系协调屡现波澜。这里既有创作者的能力、经验等因素的影响，也与影视工业的发展水平，包括制作技术、运营水平等密切相关，也反映出开发团队在项目启动、计划、实施、控制等多个项目管理环节的欠缺。经过多年的波折，《三体》"IP"的价值开发、转化和变现仍面临着很大的不确定性。对比项目今夕的变化，项目团队如果能够及时吸取经验教训，对项目进行科学、合理的管理，无疑将大大降低重蹈覆辙的风险。

思考：如何使用项目管理的方法来管理你的创业项目进展？

第一节　项目与项目管理

一、项目概述

（一）项目的定义与特点

从修建万里长城到研发计算机软件，都是项目的典范。人们对项目的定义有很多，最具有代表性的是项目管理知识体系指南（PMBOK）给出的定义："项目是为创造独特的产品、服务或成果而进行的临时性工作。"国际标准化组织（ISO）认为，项目："具有独特的过程，有开始和结束的日期，由一系列相互协调和受控的活动组成，过程的实施是为了达到规定的目标，包括满足时间、费用和资源等约束条件。"

项目一般具有以下 5 个特点。

1. 一次性　项目区别于其他常规活动的基本标志是其具有一次性，即项目是不可重复的，这也是识别项目的主要依据。即使在形式上极为相似的项目，例如开发一项新产品，在关键内容上也不可能完全相同，因此总体上各项目仍然是独立的。

2. 目标性 任何项目都是为了实现某种目标而存在的，随着各项活动的实施，要形成与目标要求一致的特定成果。

3. 过程性 任何项目都不是一蹴而就的，有一个向目标逐渐推进的过程。人们通过完成一系列相互独立、相互联系、相互依赖的多项具体活动来实现目标。

4. 约束性 每个项目在一定程度上都会受客观条件的制约，约束条件主要包括有限的时间、资金和资源等。

5. 风险性 由于项目只能在一定的约束条件下进行，项目进展的推进可能引起组织发生变化，又不能完全按照其他项目的方法解决问题，因而项目包含了一些不确定性因素，存在风险性。

（二）项目与运营的区别

项目和运营在产品生命周期的不同时点存在交叉，在每个交叉点，可交付的成果及知识在项目与运营之间转移，将项目资源或知识转移到运营中，或将运营资源转移到项目中，以完成工作交接。但是运营不属于项目范畴，运营关注的是产品的持续生产和（或）服务的持续运作，因此运营具有常规化、标准化、稳定化的特点，与项目有着本质区别。

1. 常规化 运营相对常规化，不是一次性的，是可以重复的，运营过程中可以根据实际情况重新设置目标；而项目是一次性的，带有其特定的目标性，不可以重复进行。

2. 标准化 运营环境相对标准化，有具体的时间规划、资金来源和资源保障，常规工作往往有成熟的处理办法，风险较低；而项目通常会出现新问题，并且受到客观条件的制约，风险较高。

3. 稳定化 运营人员相对稳定，有固定的工作人员完成相应的工作任务，组织结构通常不会发生巨大变化；而项目会根据推进情况，实时重整团队成员，改变工作内容，项目结束后，项目团队往往会随即解散。

（三）项目的分类

根据不同的分类方法，项目可分为以下不同类型。

1. 根据项目的层次、规模和统属关系分 可将项目分为项目集和项目组合。项目集是一组相互关联且被协调管理的项目、子项目集和项目集活动，目的是获得单独管理无法获得的效益。项目组合是为实现战略目标而组合在一起管理的项目、子项目集、子项目组合和运营工作的集合。

2. 根据项目内容分 可将项目分为战略制定类项目、产品研发类项目、运营管理类项目、品牌营销类项目和行政人资类项目5类。战略制定类项目主要包括公司关键发展方向等发展战略内容的制定。产品研发类项目的主要与产品研发相关。运营管理类项目主要涉及某个产品的某一期运营等活动。品牌营销类项目主要是与品牌营销相关的市场活动类项目。行政人资类项目主要是事关公司行政、人事、后勤等的项目。

3. 根据是否具有营利性分 可将项目分为公共项目和私营项目。公共项目以增加社会福利为目标，私营项目以获得利润为目标。

二、项目管理

（一）项目管理的概念

项目管理是指在确定的时间范围内，项目团队通过合理运用与整合特定项目所需的资源，利用相关的知识、工具与技术，对项目实行计划、组织、协调和控制的管理活动，从而高效实现特定目标。

（二）项目管理的内容

1. 项目整合管理 项目整合管理是对隶属于项目管理过程中的各个过程和项目管理活动进行识别、定义、组合、统一和协调的综合管理，具体包括制定项目章程、制定项目管理计划、指导与管理项目工作、管理项目内容、监控项目工作、实施整体变更控制、结束项目或阶段等。

2. 项目范围管理 项目范围管理主要在于定义和控制哪些工作应该包括在项目内，哪些工作不应该包括在项目内。其管理包括规划范围管理、收集需求、定义范围、创建 WBS、确认范围、控制范围。

3. 项目进度管理 项目进度管理包括为管理项目按时完成所需的各个过程管理，具体包括规划进度、定义项目活动、估算持续时间、制定进度计划和控制进度等。

4. 项目成本管理 项目成本管理是指为使项目在批准的预算内完成而对成本进行规划、估算、预算、融资、筹资和控制的管理，目的是确保项目按期完成，具体包括估算成本、制定预算和控制成本等。

5. 项目质量管理 项目质量管理是指把组织的质量政策应用于项目规划、质量控制和质量要求的过程管理，目的是满足相关方的要求。

6. 项目资源管理 项目资源管理包括识别、获取和管理所需资源，以成功完成项目的过程管理，其有助于项目经理及项目团队在正确的时间和地点使用正确的资源，具体包括规划资源、估算活动资源、获取资源、建设团队、管理团队、控制资源等。

7. 项目沟通管理 项目沟通管理包括通过开发工件，以及执行用于有效交换信息的各种活动，确保项目及其相关方的需求得以满足。项目沟通管理由两部分组成：第一部分是制定策略，确保沟通对相关方行之有效；第二部分是执行必要活动，以落实沟通策略，具体包括规划沟通、管理沟通、监督沟通。

8. 项目风险管理 项目风险管理的目的在于提高正面风险的概率和（或）影响，降低负面风险的概率和（或）影响，从而提高项目成功的可能性。通常包括风险管理规划、识别风险、实施定性和定量风险分析、规划和实施风险应对、监督项目风险等。

9. 项目采购管理 项目采购管理包括对项目团队采购或获取所需产品、服务或形成成果的各个过程的管理，具体包括制定采购规划、实施采购和控制采购。

10. 项目相关方管理 项目相关方管理需要识别能够影响项目或受项目影响的人员、团体或组织，并分析相关方对项目的期望和影响，制定合适的管理策略，有效调动相关方参与项目决策和执行，具体包括识别相关方，规划、管理和监督相关方参与。

（三）项目管理的衡量标准

项目管理要重点围绕制约项目成功的关键因素开展，一般来说，项目管理的成功与否主要通过以下四个标准来衡量，即四约束模型。

1. 范围　即项目的任务是什么。因为项目是为客户开发的，因此必须明确客户能否接受该项目，应根据客户的需求和期望对项目进行分解和任务安排。

2. 质量　即项目的执行必须遵循客户的要求，使整个项目的过程和产出达到一定的标准，令客户对最终产品感到满意。

3. 成本　即项目必须在预算允许的范围内尽可能有效地利用资源，减少不必要的资源消耗。

4. 进度　即项目必须在规定时间内完成或者提前完成，要求项目经理合理安排项目进度以及各种活动之间的逻辑顺序。

项目管理在创业企业中随处可见，如面对竞争对手新产品、新技术、新工艺持续创新的压力，企业需要开发新产品或者进行技术革新；对于已有的组织架构、运营流程和岗位职责等，项目经理需统筹协调各方资源；为了快速、灵活应对市场竞争可设立专门项目。

第二节　项目管理过程

项目管理活动通常分为 5 步：即启动、计划、实施、控制和完结。为了使管理更加高效，许多企业以项目的形式开展工作，由此项目管理成为一种企业管理思想，这是一种以项目为中心的长期性组织管理方式。

一、项目启动

项目启动的主要任务是决策立项，制定项目章程，协调利益相关者利益，并权衡利弊后，授权开始该项目。

（一）制定项目章程

制定项目章程是编写一份正式批准项目，并授权项目经理在项目活动中使用组织的文件，主要作用是明确项目与组织战略目标之间的联系，确立项目的地位，并展示组织对项目的承诺。

（二）协调利益相关者利益

项目启动时需识别利益相关者，分析和记录他们的利益、参与度、相互依赖性、影响力和对项目成功的潜在影响，目的是使项目团队能够建立对每个相关方或相关方群体的适度关注，使共同利益达到最大化。

（三）权衡利弊

权衡利弊要求首先了解客户的需求，然后通过效益与风险的综合对比分析，最终决策是否开始该项目。

二、项目计划

项目计划的主要作用是确定成功完成项目的行动方案，需要从宏观角度考虑问题，保证各个计划互相衔接，使其成为整个项目管理过程中最重要的部分。项目启动时制作的项目章程是一个初始的整体计划，随着掌握更多的项目信息或者项目执行中发生重大变更，往往需要对计划进行细分，确定项目团队在不同阶段必须完成的任务是什么、由谁完成该项任务、何时开始及何时完成该项任务、需要多少成本。因此，项目计划是迭代或持续开展的活动，需要适当征求利益相关方的意见，并鼓励他们积极参与到项目计划中来。

三、项目实施

项目实施是完成项目计划中确定的工作，以满足项目要求的过程，需要按照项目计划协调各方资源，管理参与相关方，以顺利实施项目。在实施过程中，计划可能会变化，一旦变化，则可能触发一个或多个计划的执行，为此需修改计划，完善项目文件，甚至制定新的计划。

项目实施过程中需加强团队建设，以助于激励员工，减少摩擦，提高工作效率，从而提升整体项目绩效。团队建设需贯穿于整个项目实施过程，需注重跟踪团队成员的工作表现，为其解决相应问题，激励团队成员朝着共同的目标奋进。

同时要注意团队上下级、同级之间的沟通，确保项目信息及时且恰当地收集、生成、发布、管理、监督和最终处置，促进项目团队与相关方之间有效信息的流动。

四、项目控制

项目控制是跟踪、审查和调整项目进展与绩效，识别必要的计划变更并启动相应变更的过程，包括项目时间、特定事件或异常情况发生时，对项目绩效进行测量和分析，以识别和纠正所产生的偏差，并实时进行状态报告，采取风险应对措施。

项目控制还涉及评价变更请求，制定恰当的响应行动；对可能出现的问题提出建议和预防或纠正措施；对照项目管理计划，监督项目活动的实施情况；分析可能导致计划变更的因素，确保只有经批准的变更才能付诸执行；持续监督，使项目团队和其他相关方掌握项目的进展情况，并识别需要特别注意的领域。

五、项目完结

项目完结是指正式完成或关闭项目。项目完结后要进行成果验收、资金回收和经验总结，核实项目完成的过程，并宣告项目完结。项目完结也适用于项目的提前关闭，例如项目流产或取消。

第三节　项目管理技术

一、时间管理技术

（一）工作分解结构

工作分解结构（work breakdown structure，WBS）是将一个项目根据项目活动或者目的交付成果分解成多个易于分析和管理的部分，以便找出完成项目工作范围所需的所有工作要素。简而言之，就是将项目转化为具体任务。

一般来讲，工作分解结构有以下六个步骤。

1. 了解项目范围。

2. 确定项目的工作分解方式。

3. 进行项目分解工作的实施。

4. 根据对项目工作的分解，画出 WBS 层次结构表格或图。

5. 根据做出的 WBS 层次结构表格或图，对主要项目的可交付成功进行更详细的划分。

6. 跟踪调查，分析所做结构的正确性。

工作分解方式是逐级细分的，从树根一直到树叶，直至分解到无法再分解的日常活动为止。分解步骤为项目→任务→子任务→活动，将一个大项目分解成一个个任务，将任务再分解成可以完成的工作，最后将工作分解成一次次的日常活动。以树状形式进行表达，从树根到树叶，将错综复杂的结构梳理成一级级、一节节的可以完成的工作节点。节点分解以一人日（一个人一天的工作量）为宜，这样便于工作的分配与管理。图 3 – 1 为开办一家药店的工作分解结构示例。

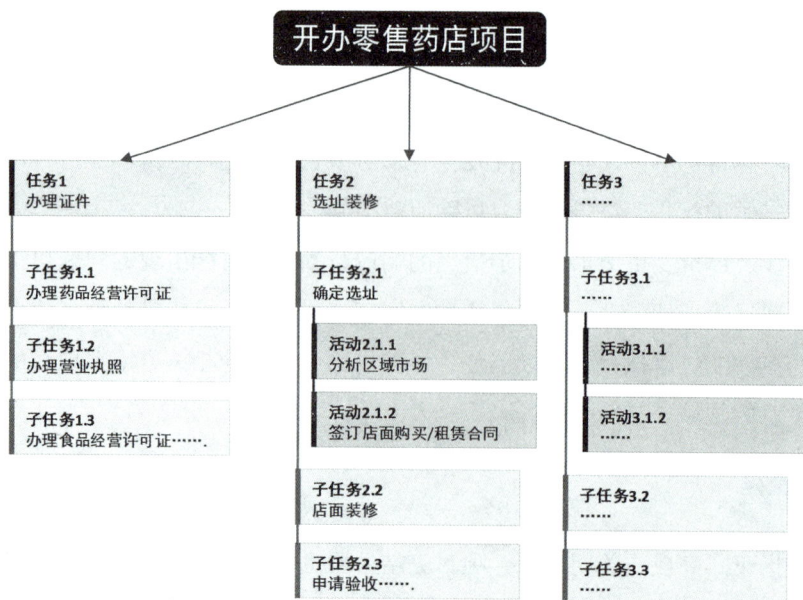

图 3 – 1　开设药店的工作分解结构示例

工作分解结构是计划活动的基础，会影响到整个项目的正常实施，在项目管理中具有重要作用。

1. 能够直观看出项目的具体范围，并有效控制项目活动。

2. 有助于帮助项目管理者进行人员分配，实现项目责任的合理分配。

3. 提高项目估算的准确性，减少项目不可预见的损失。

4. 有利于项目计划的制定。

5. 能够确定项目的具体工作内容及工作顺序。

6. 是项目团队成员和利益相关者进行信息沟通的基础。

（二）甘特图

甘特图又称横道图，是项目进度计划中一种非常重要的图形工具。它可以看作是一种线条图，横轴表示水平的时间尺度，纵轴表示项目要安排的活动，整个线条表示在项目执行期间各项活动之间的关系，以及项目任务计划什么时候开始、什么时候结束。甘特图可以反映项目的实际完成情况，并将实际进度与计划进度进行对比，评估项目活动是提前还是滞后还是正常进行，进而对项目进度进行控制。甘特图是一种简单直观的图形表示方法，见图 3 - 2。

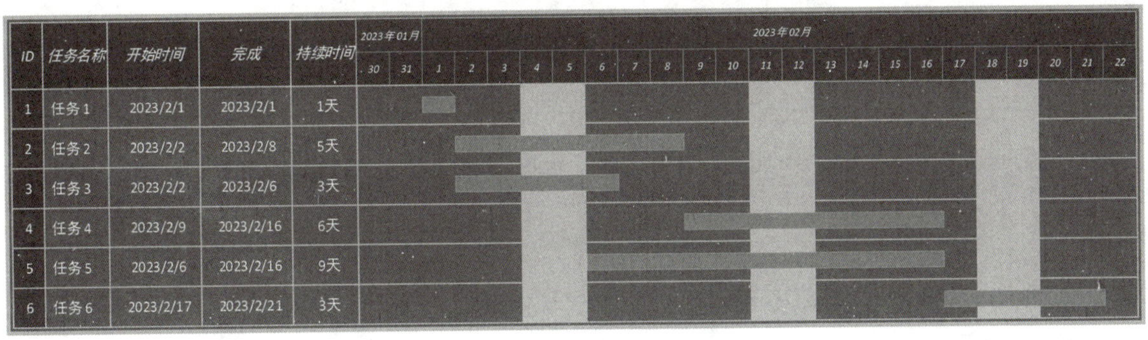

图 3 - 2 甘特图示意图

甘特图的手动绘制步骤如下。

1. 根据项目工作分解结构，识别和分析项目的各项活动，并将各项活动按照相互之间的逻辑顺序和依赖关系进行排序。

2. 确定各项活动的具体持续时间、预计开始时间和结束时间。

3. 绘制甘特图坐标，将各项活动的开始时间和持续时间标注在图中。

4. 将各项活动之间的逻辑顺序和依赖关系用箭头标注在图中。

5. 检查和调整绘制的甘特图，并计算项目从开始到结束的总时间。

二、成本管理技术

任何项目的实施都需要耗费资源，从而产生成本。项目成本是围绕项目发生的资源耗费的货币体现。从财务的角度上，根据项目的成本性质，项目成本可分为历史成本、重置成本、沉没成本和机会成本。

（一）挣值法

挣值法是一种成本和进度综合管理的评测技术。挣值（earned value，EVA）即实际工作绩效挣得的价值，是项目成本绩效分析中的一个重要参数。挣值计算公式为：

$$EV = TBC \times \alpha$$

公式中，EV 表示挣值；TBC 表示总预算成本；α 表示完工比率。

例如：某酒店启动了一个更新塑钢窗的项目，酒店共有房间 200 个，总预算成本为 5 万元。项目进展到目前共完成更新房间 50 个，这样 α = 50/200 = 25%，EV = 50000 × 25% = 12500，即挣值为 1. 25 万元。

挣值法中的衡量指标有 3 个，分别是计划价值（PV）、挣值（EV）和实际成本（AC）。其中 PV 与完工预算（BAC）相对应，是按照项目计划的生命周期进行项目所完成的工作进度预算。对 PV 进行计算时，无论进度还是成本，都是按照计划进行的。EV 是已经完成的工作的预算价值，与已完成的工作相对应，进度按照已完成工作计算，成本按照预算成本计算。AC 是已经完成的工作实际花费的成本，进度和成本都以已完成的工作情况进行计算。

（二）偏差指标和绩效指标

偏差指标包括进度偏差（SV）和成本偏差（CV），绩效指标包括进度绩效指数（SPI）和成本绩效指数（CPI）。其中 SV 是项目进度绩效的一种指标，可用来表明项目是否明显滞后于基准进度。SV 为正值，表示项目未落后于基准进度。进度偏差的计算公式为：

$$SV = EV - PV$$

CV 是项目成本绩效的一种指标，项目结束时的成本偏差即完工预算与实际总成本（BAC）之间的差值，成本偏差的计算公式为：

$$CV = EV - AC$$

SPI 是比较项目已完成进度与计划进度的一种指标，用来预测最终的完工估算。SPI > 1，说明已完成的工作量超过计划要求；SPI < 1，说明已完成的工作量未达到计划要求。进度绩效指标的计算公式为：

$$SPI = EV/PV$$

CPI 是比较已完成工作的价值与实际成本的一种指标，用来考核已完成工作的成本效率。CPI > 1，说明到目前为止成本尚有结余；CPI < 1，说明已完成工作的成本超支了。成本绩效指标的计算公式为：

$$CPI = EV/AC$$

三、质量管理技术

（一）PDCA 循环

PDCA 循环是一个持续改进循环，包括持续学习和不断改进的四个循环反复步骤，即计划

（plan）、执行（do）、检查（check/study）、处理（act），在项目质量管理过程中具体体现为质量策划、质量控制、质量保证和质量改进四个步骤。

在实际的项目活动中，项目质量管理是由大小不同的 PDCA 循环构成的完整体系。就整体项目而言，需要进行 PDCA 循环，对于项目所包含的各子项目或子系统也需要开展相应的 PDCA 循环（图 3 – 3）。

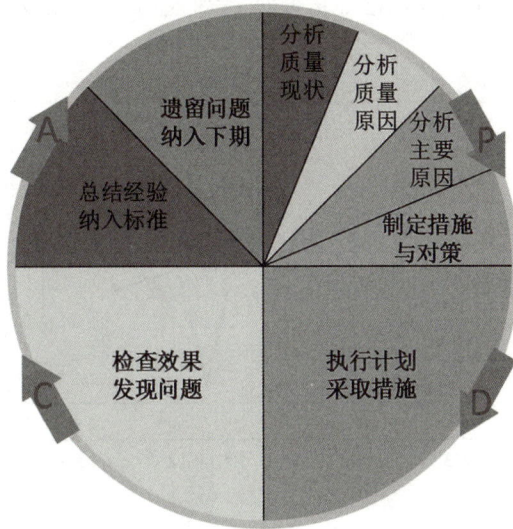

图 3 – 3　项目质量管理 PDCA 循环

（二）因果图

因果图又称鱼骨图，是将引起某结果的原因用箭头联系起来，主要用于分析质量特征与影响质量特征的可能原因之间的因果关系，并进一步寻找解决方法。该方法只能用于单一质量特征研究，即分析一个问题，而不能多个问题交叉研究。其基本形式见图 3 – 4。

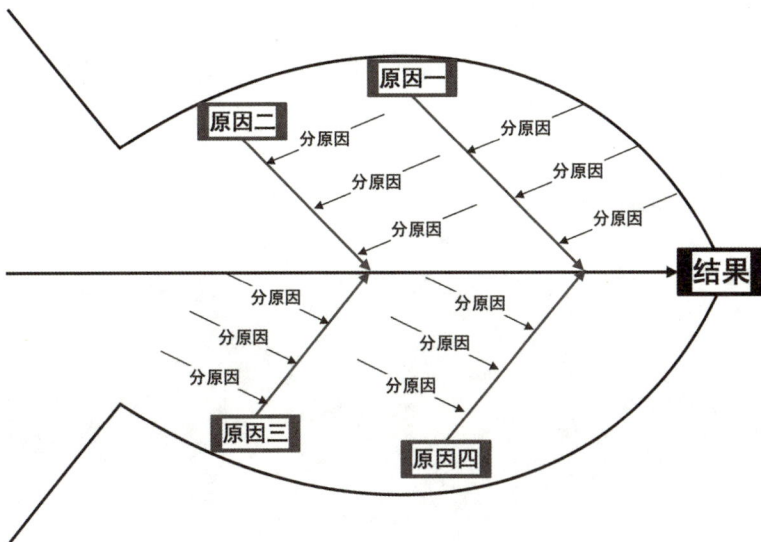

图 3 – 4　因果图

（三）控制图

在控制图上有三条控制线，分别为中心线 CL、上控制线 UCL、下控制线 LCL，纵坐标表示要控制的质量特征值，横坐标是时间或样本序号。在质量管理中，将所得的质量特征值按照大小和样本序号（或时间）描绘在控制图中，将各点连起来形成一条折线，分析这条折线的变化趋势和各点在图中所处的位置，从而判断该过程是否处于受控状态，以便及时采取应对措施（图 3 – 5）。

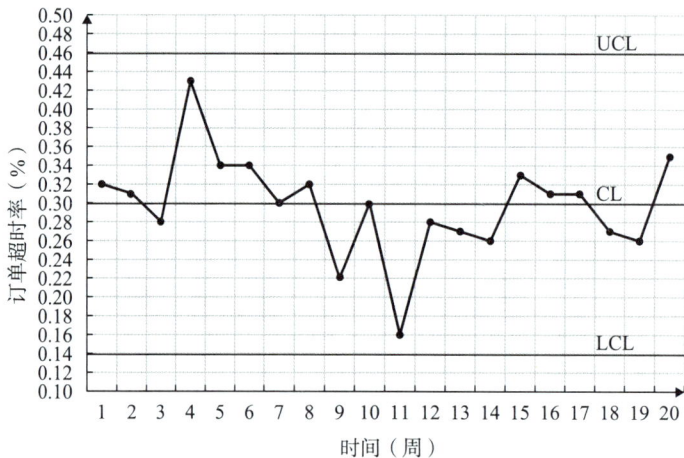

图 3 – 5　标准控制图

【课后训练】

采用甘特图这一时间管理技术，为自己本学期主要的学习任务、课外活动项目绘制一份可以用于指导实践、落地执行的时间表。

我更喜欢拥有二流创意的一流创业者和团队，而不是拥有一流创意的二流创业团队！

——多里特

【学习目标】

1. 掌握创业团队的概念、要素、价值及特征。
2. 熟悉组建创业团队的原则、程序、管理方法。
3. 了解创业团队的社会责任。

【案例导入】

三名大学生合伙开"轰趴"馆（轰趴别墅）

"轰趴"是由英文"homeparty"音译过来的一个词，意为家庭派对。几十人租下一套别墅，别墅内娱乐设施齐全，可以唱歌、餐饮、烧烤，还可以看电影、打桌球、玩棋牌等。近年来，"轰趴"受到大学生及都市年轻人尤其是白领一族的追捧。

湖南第一师范学院学生唐雷、于飞克看准商机，从大四起就与朋友合伙租别墅，提供给大学生开"轰趴"。唐雷、于飞克两个人是大学同班同学，毕业于南京师范大学的程卫是他俩的高中同学。很多学生还在抱怨大学生活"无聊"时，三个浏阳小伙子在大二就开始琢磨着"合伙创业"。

三个人从大二开始合伙办教育培训公司，到大四那年，他们积累了30余万元。2013年，三人一拍即合，准备投资新兴的别墅"轰趴"馆。2013年，三人在湖南第一师范学院附近租下一套别墅，花25万元装修了一番，"新青年别墅聚吧"于2014年6月正式开门迎客。租别墅分为上午、下午和晚上三个场次，周一到周四一个价格，周五到周日一个价格。组团数名或几十名好友玩通宵，包括食宿在内每人分摊百元以内。目前长沙日租别墅有两种收费模式，一种按时间段收费，包场费用固定；另一种按"人头"收费，最多可以容纳四五十人。

程卫说："我们采取提前一周预约的模式，周末基本场场都是满的。"今年初，他们注册了一家文化传播有限公司，并与多家企业签订了合作协议。两年来，他们已经在湖南、陕西、江西、贵州等地租下 10 套别墅，年营业额近 800 万元。

（资料来源：百度创业家 https：//baijiahao. baidu. com/s？ id = 1605322033485424413&wfr = spider&for = pc）

第一节　创业团队及基本特征

一、创业团队概述

（一）团队的定义

1. 团队的概念　彼得·德鲁克认为，团队是平凡的人做不平凡的事！斯蒂芬·罗宾斯认为，团队就是由两个或两个以上相互作用、相互依赖的个体，为了特定目标而按照一定规则结合在一起的组织。

2. 团队与群体的区别　团队是群体的一种形态，但是不等同于群体，二者的根本区别在于，团队中成员的作用是互补的，而群体中成员的作用在很大程度上是可以互换的。团队中离开任何人都不能很好地运转，而在群体中离开谁都可以运转。具体表现在：团队成员完成团队目标，一起承担成败责任并同时承担个人责任，而群体的成员则只承担个人成败责任；团队的绩效评估以团队整体表现为依据，而群体的绩效评估是以个人表现为依据；团队的目标实现需要成员间彼此协调且相互依存，而群体的目标实现却不需要成员间的互相依存性。此外，团队较之群体在信息共享、角色定位、参与决策等方面也更进一步。

团队是群体的特殊形态，是一种为了实现某一目标而由互相协调依赖并共同承担责任的个体所组成的正式群体。团队是由两个或两个以上拥有不同技能、知识和经验、能力的人组成，具有特定的工作目标，成员之间可以相互愉快地在一起工作，互相依赖、技能互补、成果共享、责任共担，通过成员的共同协调、支援、合作和努力共同完成目标。真正的团队，其工作能力总能超过同样的一组非团队工作的个体集合。见表 4 - 1。

表 4 - 1　团队与群体的区别

项目	群体	团队
领导	应该有明确的领导人	不一定有明确的领导人
目标	必须跟组织一致	还可以产生自己的目标
协作	中等程度	齐心协力
责任	领导者要负很大责任	成员也要负责
成员技能	相同或不同	角色互补，有效组合
结果	个体绩效相加之和	共同合作，超越群体

（二）创业团队的内涵

创业团队是指在创业初期（包括企业成立前和成立早期），由一群才能互补、责任共担、愿为共同的创业目标而奋斗，并能做到利益让渡的人所组成的特殊群体。

创业项目组建成为企业后，项目的最初发起人即可称为企业创始人。创始人通过对资源、环境、人员与市场机会等的整合利用，完成新事物从发现、认知、组建到创造新价值的整个过程。

如果创业项目最初就是由若干人集体发起，或者当一个创业理念较为复杂、庞大，单个创始人的力量无法达成预定的创业目标时，就需要由不同专业和特长的几个特定成员组成创业团队协作运营，这个最初的创业团队成员可以称为该企业的联合创始人。联合创始人基于各自专业和特长优势，最大限度整合各自不同领域的资源，推动创业企业整体向前发展。

【头脑风暴】

是不是只要对创业项目持很大兴趣、愿意投入启动资金、积极参与到创业项目运营工作的同学、朋友、合作伙伴或创业过程中的利益相关者，都能成为创业团队的一员呢？

二、创业团队的要素与价值

（一）创业团队的要素

创业团队具有五要素，因为在英文中都是以字母 P 开头，故可总结为"5P"。

1. 目标（purpose）　创业团队有一个明确的目标，目标引导团队成员的思想和行为。没有目标，团队就没有存在的价值。

2. 人员（person）　人是构成创业团队最核心的力量，两个或者两个以上的人就可以构成团队。目标是通过人而实现的，所以人员的选择是创业团队中非常重要的部分。一个团队中需要有人出主意，有人定计划，有人实施，有人组织协调，还有人监督团队工作的进展、评价团队最终的贡献，不同的人通过分工共同完成团队的目标，因此在人员选择方面要考虑到人员的知识、能力、经验如何，技能是否互补。

3. 定位（position）　创业团队的定位包含两层意思：一是创业团队的定位，确定团队在企业中处于什么位置，由谁选择和决定团队的成员，团队最终应对谁负责等；二是个体的定位，对团队成员进行明确分工，确定个人承担的责任。

4. 权限（power）　在创业团队中，一是团队领导人的权力。团队领导人的权力大小与创业团队的发展阶段相关。一般来说，在创业团队发展初期，领导权相对集中，团队越成熟，领导者拥有的权力相应越小。二是团队权力。要确定整个团队在组织中拥有什么决定权，比如说财务决定权、人事决定权等。

5. 计划（plan）　计划是对达到目标所做出的安排，是未来行动的方案，可以把计划理解成目标实施的具体工作程序。在计划的帮助下，创业团队能够有效制订所要实现的短期目标和长期目标，能够提出实现目标的有效解决方案，以及实施过程的控制和调整措施。

（二）创业团队的价值

1. 团队能把互补的技能和经验组织到一起，超过了个人。

2. 团队对待变化中的事物和需求是灵活而敏感的。

3. 团队能力为加强组织发展和管理工作提供独特的社会角度。

4. 团队有利于营造更轻松愉快的心理环境。

【头脑风暴】

组建创业团队需要考虑哪些问题？

【案例分析】

小明的首次创业

小明第一次创业，因跟伙伴出现了意见分歧而退出了创业团队。

某天，小明在网上认识了一位网友，这位网友 40 多岁，刚从国外回来，心情不好，想倾诉，小明就跟他聊了起来。聊着聊着，竟发现共同语言越来越多。于是，小明就对他说出了自己的想法。

小明：我想弄山寨笔记本，你认为如何？

海归：好啊！咱俩可以合伙，我有平台。

小明：你有平台？

海归：呵呵！我是北京高校创业联盟的首席顾问，我完全可以利用这个平台做推广，在高校推广山寨笔记本。同时，我们还可以 OEM，做自己的品牌。利用这个平台找代理，如果北京高校推广成功了，我们就把这个模式向全国各大城市复制。

小明：你能控制这个平台？

海龟：完全可以，我们还可以在自己品牌的笔记本上做关联营销、收取广告费等。

（资料来源：百度文库 https：//wenku. baidu. com/view/83a8cad4740bf78a6529647d27284b73f24236ea. html？ _ wkts_ =1680770114562&bdQuery）

【讨论】

1. 如果你是小明，你会跟他合作吗？请说明具体理由。

2. 组建一个创业团队需要考虑哪些问题？

三、创业团队的基本特征

创业团队是一种特殊的群体，团队成员在创业初期把创建新企业作为他们共同努力的目标。他们在集体创新、分享认知、共担风险、协作进取的过程中形成了特殊的感情，创造出高效的工作流程。一般而言，成功的创业团队应具备以下几个特征。

（一） 具有很强的凝聚力

团队是一体的，成败是整体而非个人，成员能够同甘共苦，经营成果能够公开且合理分享，这样团队就会形成很强的凝聚力，并很快与公司融为一体。每一位成员都将团队利益置于个人利益之上，且充分认识到个人利益是建立在团队利益基础上的，因此团队中没有个人英雄主义。

（二）能够与企业共同成长

团队成员保持对企业长期经营的信心，对企业经营成功给予长期的承诺。每一位成员均了解企业在成功之前将会面临的挑战，并承诺不会因为一时利益或困难而退出，同意将股票集中管理。如有特殊原因而提前退出团队者，必须以票面价值将股权转让给原公司团队。

（三）致力于企业价值挖掘

团队成员全心致力于创造企业价值，认为这才是创业活动的主要目标，并认识到唯有企业不断增值，所有参与者才有可能分享到其中的利益。

（四）合理的股权分配

平均主义并非合理，团队成员的股权分配不一定要均等，但需要合理、透明和公平。通常创始人与主要贡献者会拥有比较多的股权，但只要与他们所创造的价值、贡献相匹配，就是一种合理的股权分配。

（五）公平弹性的利益分配机制

创业之初的股权分配与以后创业过程中的贡献往往并不一致，因此会出现某些具有显著贡献的团队成员拥有股权数较少、贡献与报酬不一致的不公平情况。因此，好的创业团队需要有一套公平弹性的利益分配机制，以弥补这种不公平。例如，新企业可以保留10%的盈余或股权，用来奖励以后有显著贡献的创业成员。

（六）专业能力的完美搭配

创业者寻找团队成员应该基于这样的考虑，主要是弥补当前资源上的不足。也就是说，要考虑创业目标与当前能力的差距，寻找所需要的配套成员。好的创业团队，成员间的能力通常能形成良好的互补，而这种能力互补也有助于强化团队成员间彼此的合作。

创业团队不是一蹴而就的，往往是在新企业发展过程中逐渐孕育形成的。在这一过程中，创业成员也可能因理念不合等原因，在创业过程中不断替换。有人统计，在美国，创业团队成员的分手率较高，由此可见团队组成的不易。虽然存在诸多不易，但团队组成和团队运作水平对创业集资与创业成败都具有关键影响力，因此创业者必须重视如何发展创业团队，并培养自己在这方面的能力。

（七）具有创业激情

建立优势互补的团队是创业关键。团队是人力资源的核心，"主内"与"主外"的不同人才、耐心的"总管"和具有战略眼光的"领袖"、技术与市场两方面的人才都不可有偏颇。创业团队的组织还要注意个人的性格与看问题的角度，如果团队里能够拥有可提出建设性和可行性建议，或能不断发现问题的批判性成员，对于创业过程将大有裨益。

作为创业者还需要特别注意，要选择对项目有热情的人加入团队，并且使所有人在企业初创时就有每天长时间工作的准备。任何人，不论其专业水平如何，如果对事业的信心不足，将无法适应创业的需求，而这样一种消极因素，对创业团队所有成员产生的负面影响可能是致命的。创业初期，整个团队可能需要每天十几个小时不停地工作，并要求在高负荷的压力下仍能保持创业激情。

（八）互相信任

猜疑会令企业瓦解。近年来，中关村每年的企业倒闭率在25%左右，其中很重要的一个原因就是创业团队内部不团结。如何建立和维护创业团队成员之间的信任，简单地说，一要增强信任，二要防止出现不信任，避免信任转变为不信任。信任是一种非常脆弱的心理状态，一旦产生裂痕就很难缝合，要消除不信任及其带来的影响往往要付出很大的代价，所以防止不信任比增强信任更加重要。

【拓展阅读】

爱心铸就事业，团队成就梦想

杨成龙，2008年毕业于西安理工大学，现任西安秦北农民工子弟学校董事长、校长。回首创业之路，处处充满艰辛，但他无怨无悔。因为正是创业的艰辛，使他懂得了成功的价值，明白依靠团队、坚持梦想、努力奋斗和回报社会才更重要。

杨成龙的童年是在简陋的城中村中度过的。他的父母都是农民工，从小目睹父母不辞辛苦、起早贪黑地工作，只为能交起他的学费。看着为了全家辛苦劳累的父母，让小小年纪的他深深感受到了家庭的责任、男儿的担当。从那时起，他心中只有一个信念：一定要努力学习，考上大学，用知识来改变自己、改变家人的命运。

功夫不负有心人，2004年，他以优异的成绩考入西安理工大学。2006年暑假，他来到国家级贫困村陕西省靖边县宁条梁镇西园则村支教。这里的孩子们的学习环境比他想象中的还要差：学校是几个村才有一个，教室是多年前的平房，没有像样的黑板，坑坑洼洼的桌椅，任课老师少，只能把几个年级放在一起上课。孩子们大多是留守儿童，缺少应有的关爱，连健康成长都成了问题。这深深地震撼了他的心，为了给孩子们提供更好的教育，他慢慢萌生了创办一所专门招收农民工和外来务工人员子女的中小学寄宿学校的想法。

杨成龙大学毕业后，依靠上学期间积累的实践经验，跟两个同学组成了创业团队，合伙创办了"西安至尚文化传播有限公司"，开始了创业之路。经过两年多的发展，公司走上了快速发展的道路，但他时常会想起那个未完成的梦想。经过与两个合伙人沟通，他们达成共识，一起为在西安的农民工子女创办一所农民工子弟学校，解决贫困家庭子女的教育问题。他们3人分工明确，一个人负责招生宣传，一个人负责师资队伍建设，一个人负责办学场所的租赁等后勤保障工作。经过3年的时间，他的创业团队与学生们同吃同住，用心去感化每一个学生，让他们懂得感恩父母、感恩老师、感恩祖国。农民工子弟学校也得到了越来越多学生家长的信任，很多家长慕名而来。到目前为止，学校有教职工100余人，学生人数达到840余人。

　　杨成龙的创业团队凭借高效的执行力，解决了办学过程中遇到的无数困难，社会影响力逐渐扩大，树立了良好的口碑，为农民工和外来务工人员群体解决了子女教育的问题。他的团队奉献了自己的青春和力量，在奉献中收获了快乐，让青春在奉献中闪光。在创业的道路上，杨成龙更加坚定，也更加坚信会有更多的优秀青年与他同行，共同开创属于他们的美好明天！

　　（资料来源：百度百科 https：//baike. baidu. com/item/22345807？ fr＝aladdin）

第二节　创业团队的组建、管理与社会责任

【案例导入】

"第一团队"

　　沈南鹏、梁建章与接触过国外文化的民营企业家季琦、国有企业管理者范敏构成了中国企业史上的一个奇妙组合。

　　1999 年，四人创立了携程网，2002 年，四人创立了如家。

　　在中国的企业家中，3 年内两次把自己创办的企业送进美国纳斯达克股市，他们是纪录的创造者，所以这四个人堪称"第一团队"。

　　季琦——团队的实干者和推动者。从 1997 年开始，做过很多生意。后认识梁建章，成为好友，决定共同创业。

　　梁建章——团队的信息者、技术者。原甲骨文中国区咨询总监，看到美国互联网发展迅速，提议做网站。

　　沈南鹏——团队的监督者、完美者。当时德意志银行的董事是季琦同届的校友，与梁建章在美国相识。

　　范敏——团队的行业专家。当时已在旅游业工作了 10 年，时任大陆饭店的总经理，待遇优厚。季琦的校友，通过多人辗转找到，"三顾茅庐"挖来。

　　四人按照各自的专长组成"梦幻组合"：梁建章任首席执行官，沈南鹏任首席财务官，季琦任总裁，范敏任执行副总裁。

　　在"第一团队"的组合里，没有"大哥"；他们虽有同学之谊、朋友之情，但性格、爱好迥然不同，经历各异；他们创立的携程和如家虽然经历了多次高层人事变更，却从来没有发生过震荡，都在纳斯达克成功上市，并且一直保持着优异的业绩；他们为中国企业树立了一个高效团队的榜样，最终获得了共赢的结局。

　　（资料来源：朱瑛石，马蕾. 第一团队：携程与如家. 中信出版社，2008. ）

【讨论】

1. "第一团队"的成功关键在于创业团队的组建，他们的团队组建有什么特点？

2. 我们可以复制这些成功创业团队的经验吗？为什么？

一、创业团队的组建原则、程序与关键因素

（一）创业团队组建的基本原则

1. 目标明确合理原则　目标必须明确，这样才能使团队成员清楚地认识到共同的奋斗方向是什么。同时，目标也必须是合理的、切实可行的，这样才能真正达到激励的目的。

2. 互补原则　创业者之所以寻求团队合作，目的就在于弥补创业目标与自身能力间的差距，发挥出 1 + 1 > 2 的协同效应。

3. 精简高效原则　为了减少创业期的运作成本、最大比例地分享成果，创业团队的人员构成应在保证企业高效运行的前提下尽量精简。

4. 动态开放原则　创业过程是一个充满了不确定性的过程，团队中可能因为能力、观念等多种原因不断有人在离开，同时也有人要求加入。因此，在组建创业团队时，应注意保持团队的动态性和开放性，使真正完美匹配的人员能被吸纳到创业团队中来。

（二）创业团队组建的程序

创业团队的组建是一个动态过程，应遵循"按需组建，渐进磨合"的要求，逐步实现人员及职责职能的相对稳定。不同类型的创业项目所需团队成员的结构不同，创建步骤也不尽相同，概括起来可分为六个环节。

1. 明确创业目标　创业团队的总目标就是通过完成创业阶段的技术、市场、规划、组织、管理等各项工作，实现企业从无到有、从起步到成熟。总目标确定之后，为了推动团队最终实现创业目标，需将总目标进行分解，设定若干可行的阶段性子目标。

2. 制订创业计划　在确定了总目标和阶段性子目标后，就要研究如何实现这些目标，这就需要制定周密的创业计划。创业计划是在对创业目标进行分解的基础上，以团队为整体来考虑的计划。创业计划确定了不同创业阶段需要完成的阶段性任务，通过逐步实现这些阶段性目标最终实现总的创业目标。

3. 招募合适的人员　招募合适的人员是创业团队组建最关键的一步。关于创业团队成员的招募，主要应考虑两个方面：一是考虑互补性，即考虑能否与其他成员在能力或技术上形成互补。这种互补性既有助于强化团队成员间彼此的合作，又能保证整个团队的战斗力，更好地发挥团队的作用。一般而言，创业团队至少需要管理、技术和营销三方面的人才。只有这三方面的人才形成良好的沟通协作关系后，创业团队才可能实现稳定高效。二是考虑适度规模，适度的团队规模是保证团队高效运转的重要条件。团队成员太少则无法实现团队的功能和优势，而人员过多又可能会产生交流障碍，或分裂成若干较小的团体，进而大大削弱团队的凝聚力。一般认为，创业团队的规模控制在 2～12 人最佳。

4. 职权划分　为了保证团队成员执行创业计划、顺利开展各项工作，必须预先在团队内部进行职权划分。创业团队的职权划分是根据创业计划的需要，具体确定每个团队成员所要担负的职责及所享有的权限。团队成员间职权的划分必须明确，既要避免职权的重叠和交叉，也要避免

无人承担造成工作上的疏漏。此外，由于还处于创业过程中，面临的创业环境又是动态复杂的，不断会出现新的问题，团队成员可能不断出现更换，因此创业团队成员的职权也应根据需要不断进行调整。

5. 构建创业团队制度体系 创业团队制度体系体现了创业团队对成员的控制和激励能力，主要包括团队的各种约束制度和激励机制。一方面，创业团队通过各种约束制度（主要包括纪律条例、组织条例、财务条例、保密条例等）指导其成员避免做出不利于团队发展的行为，实现对其行为进行有效的约束，保证团队的稳定秩序。另一方面，创业团队有效的激励机制（主要包括利益分配方案、奖惩制度、考核标准、激励措施等），可使团队成员看到随着创业目标的实现，其自身利益将会得到怎样的改变，从而达到充分调动团队成员的积极性、最大限度发挥团队成员作用的目的。需要注意的是，创业团队的制度体系应以规范化的书面形式确定下来，以免带来不必要的麻烦。

6. 团队的调整融合 完美组合的创业团队并非创业一开始就能建立起来的，很多时候是在企业创立一段时间以后随着企业的发展逐步形成的。随着团队的运行，团队组建时在人员匹配、制度设计、职权划分等方面的不合理之处会逐渐暴露出来，这时就需要对团队进行调整融合。由于问题的暴露有一个过程，因此团队调整融合也应是一个动态持续的过程。

【链接】

防止创业团队散伙的十大绝招

1. 理念上要正确。
2. 持续不断地沟通。
3. 发现小人钻空子，坚决开除。
4. 就事论事。
5. 更换环境心境。
6. 丑话说在前面。
7. 及时协调沟通。
8. 不要太计较小事。
9. 不要轻易地考验对方。
10. 一直向前看。

（三）组建团队的关键因素

1. 创始人 创业者的能力和思想意识从根本上决定了是否要组建创业团队、团队组建的时间表，以及由哪些人组成团队。创业者只有在意识到组建团队可以弥补自身能力与创业目标之间存在的差距，才有可能考虑是否需要组建创业团队，以及对什么时候需要引进什么样的人员才能与自己形成互补做出准确判断。

2. 商业机会 不同类型的商机需要相对应的创业团队与之匹配。为此，创业者需根据创业者与商机间的匹配程度，决定是否要组建团队以及何时、如何组建团队。

3. 外部资源 创业团队的生存和发展会受到制度环境、经济环境、社会环境、市场环境、资源环境等多种外部因素影响，这些因素从宏观上间接地影响着创业团队对组建类型的需求。

4. 机会成本 人的一生中黄金岁月很短，其间可分为学习、发展与收获等不同阶段。为了创业机会，团队需要放弃什么？可以获得什么？得失的评价如何？在决定创业之前，所有参与创业的成员都要思考创业所要付出的机会成本。只有对机会成本有客观判断，才能确定新的创业机会是否对个人职业生涯发展具有吸引力。

5. 失败的底线 创业需要面对可能失败的风险，创业者不宜将个人声誉与全部资源都压在一次创业活动上。理性的创业者必须设定承认失败的底线，以便保留下次可以东山再起的机会。因此在评估创业机会的时候，还需要了解有关创业团队对于失败底线的看法。通常铤而走险的创业构想不会被投资者视为是一个好的新创业机会。

二、创业团队的管理要点

（一）创业团队精神的培育

1. 培育共同的创业价值观 价值观不但影响个人行为，还影响群体行为和整个组织行为，进而影响创业的经济效益。创业成员在参与创业之前都有着各自的经历，都带有形形色色的价值观。为了获得好的经济效益，创业领导人在选择目标时，需要考虑各成员和群体的价值观，只有在平衡各方面的基础上才能制定出合理的组织目标。世界上许多优秀企业的成功经验之一，就是有明确的价值观，有共同的信念，并严守这个信念。一个企业在其生命过程中，为了适应不断变化的环境，必须准备改变自己的一切，但不能改变自己的信念。

2. 领导者自身的影响力 领导者的影响力包括权力影响力和非权力影响力。权力影响力是指领导者运用上级授予的权力强制下属服从的一种能力，具有强迫性和不可抗拒性。非权力影响力是由领导者自身素质和现实行为形成的自然性影响力，无正式规定，也没有合法权利形式的命令与服从的约束力，但比权力影响力广泛而持久。

3. 激发参与热情 奥运精神强调"重在参与"，团队精神的形成也有赖于员工的全员参与。只有全方位参与企业的经营管理活动，把个人的命运与企业的未来捆绑在一起，员工才会真正关心企业，才会与企业结成利益共同体。为了激发员工的参与热情，可以请员工提合理化建议，让员工参与管理，实行"从群众中来、到群众中去"的群众路线，让员工成为股东。企业通过合理的激励机制，即通过建立有效的物质激励体系，让员工彻底消除给企业打短工的心理，使企业与员工之间形成荣辱与共、休戚相关的组织共同体。

4. 共同的危机和忧患意识 危机和忧患意识是团队精神形成的外在客观环境，没有压力的企业是不存在的，世界 500 强每年排名的变化就说明了这一点。"我们的公司离破产只有 12 个月"，这是世界著名的微软公司总裁发出的声音。

5. 良好的协调和经常性的沟通 沟通主要是通过信息和思想上的交流达到认识上的一致，协调是为了取得行动上的一致，两者都是形成集体的必要条件。企业中的各种例会、内部刊物、有线电视、部门联网、电话、文件传递、汇报总结、非正式接触等，都能激活组织信息上下左右各个方向的流动，从而形成团队的耳目。

（二）创业者的股权安排

1. 股权结构的类型 在创业企业中，股东的种类及持股比例形成不同的股权结构，概括起来，大致有以下 3 种类型。

（1）**高度集中型股权结构** 在这种股权结构下，绝大多数股票掌控在少数股东手中，尤其是第一大股东往往持股数目非常大，占有绝对控股地位，掌握着公司的控制权。相对于大股东，其他股东只占有公司少量的股票，在企业的经营决策、利润分配等方面都受制于大股东，创业企业中这种股权结构占多数。

（2）**适度分散型股权结构** 在这种股权结构下，既有一定的股权集中度，又有若干大股东存在，主要是机构法人相互持股，控股者也多为法人股东。这种股权结构能促使股东适度有效地行使最终的控制权，既不忽视权力，又不滥用权力，从而有效地解决"委托－代理"关系下效率损失的问题。这是一种较为合理的股权结构。

（3）**过度分散型股权结构** 在这种股权结构下，有相当数量的股东持有相当数量的股票，不存在大股东，股权高度分散，股东之间容易出现相互推诿、"搭便车"现象，容易造成公司的控制权掌握在经营者手中，即所谓的"内部人控制"现象。

创业者在安排产权上应遵循拥有完整的法人财产权利的原则，这样做有利于凝结创业团队，获取创业需要但自己未直接掌握的关键资源；有利于关键人员掌握企业剩余的控制权和索取权，提高创业活动效率。

2. 股权结构的设计原则

（1）**人力资本所有者与投资人共同分享利润** 对于高科技企业而言，技术和产品的完美结合是完成产品研发和企业发展的必要条件，因此企业获得的利润是人力资本所有者和投资人共同的贡献，人力资本所有者和投资人共同分享利润是合理的。两者之间的分配比率最终经其反复博弈后确定。

（2）**采用期权制度** 要想让人力资本所有者能像投资人一样享受企业的无形资产，就要想办法让人力资本所有者变成企业的股东。其中比较有效的方法就是期权制度。也就是人力资本所有者首先得到的就是分红权和在一定时间内按原始价格收购一定比例股权的承诺，技术人员分到红利以后，从投资人手中收购部分股权，成为投资股东，再按原定比例与投资人一起分享企业的所有利润。

（3）**遵循股权动态变化原则** 企业的发展不是一成不变的，是由小到大逐步发展的，在发展的过程中需要不同的人做不同的贡献。每个人的能力存在差异，所以随着企业的发展，有可能创始人或初创期的股东，他们的能力不一定会适应企业的发展，所以动态股权设计的提出是以成果为导向，让贡献者得到自己应该得到的股份。

（三）创业团队的绩效评估

创业团队的绩效评估是指团队定期对个人或内部小组的工作行为及业绩进行考察和评估。这是评价团队创业成果和有效性的重要标准之一，是对创业项目推进实施的控制系统。具体内容包括三个方面。

1. 团队内部成员互相评议　每个成员的贡献由其他成员评议。

2. 用户满意程度　通过成员评估团队和负责人评估成员进行。

3. 管理层评估　上级管理部门对团队业绩进行评估。

（四）创业团队的报酬分配

1. 形成分享财富的理念　创业团队的分配理念和价值观可以归结为一条简单的原则：与帮助企业创造价值和财富的人一起分享财富。寻找好的创业机会、组建优秀的创业团队，并采取分散型持股方式实行财富共享远比拥有公司多少股份更重要。成功的创业者往往不只是创办一个企业，因此当前的企业可能并非是最后一家企业，最重要的是取得这次创业的成功。

2. 综合考虑企业与个人目标　如果一个企业不需要外部资本，就可以不考虑外部股东对报酬的态度或影响，但也要考虑其他一些有关事宜。例如，如果一家企业的目标是在未来 5～10 年获得大量资本收益，那么就需要针对如何完成这一目标、如何保持员工持续的敬业精神制定报酬制度。

3. 规范制订报酬制度的程序　创业带头人要营造一个氛围，让每一个团队成员都觉得自己的付出应该对得起所得的报酬。每一个团队成员都必须致力于寻找合理报酬制度的最佳方案，使它能够尽可能公平合理地反映每位团队成员的责任、风险和相对贡献。

4. 实施合理分配方案　在制定方案时，需要对各团队成员的贡献大小进行衡量，可以重点考虑以下五个方面。

（1）创业思路　对创业思路提出者的贡献应当充分考虑。尤其是提供对原型产品或服务极为重要的商业机密、特定技术，或是对产品、市场进行了调研的当事者。

（2）商业计划准备　制订一份优秀的商业计划往往需要花费很多的时间、资金和精力。因此，商业计划书制订者的贡献也应该适当考虑。

（3）敬业精神和风险　一个把大部分个人资产投入到企业的团队成员，不仅要在企业失败时承担巨大的风险，还将牺牲一定的个人利益，投入大量的时间和精力。因此，应充分考虑员工的敬业精神和所承担的风险。

（4）工作技能、经验、业绩或社会关系　团队成员可能为企业带来工作技能、经验、良好的工作记录或是营销、金融和技术等方面的社会关系，这对于新创企业而言至关重要而且是来之不易的，必须予以考虑。

（5）岗位职责　团队成员在不同的岗位上为企业作贡献，而岗位所需的技能和工作强度各不相同，应该考虑为不同的岗位分配不同的权重。

在衡量每一位团队成员的贡献率时，需要充分考虑这些因素，团队成员不仅要通过协商，达成对各项贡献价值的一致意见，而且应该保持充分的灵活性，以适应今后的变化。

5. 综合考虑分配时机和手段　创业团队可以综合采用月薪、股票期权、红利和额外福利的报酬制度。在企业成立之初，薪金往往需要维持在较低水平甚至不发薪金，其他红利和福利则先不作考虑。在企业顺利实现盈亏平衡后，薪金的提高才会促进企业的竞争力，而红利和额外福利，待企业持续多年获利后可考虑进一步提高。

【链接】

这些电影让你理解创业

想创业，不知从何做起，那么去看看这几部电影吧！《颠倒乾坤》《发达之路》《优势合作》《甜心先生》《上班一条虫》《解构企业》《影视大亨》。

三、创业团队的社会责任

【案例分析】

社会企业"黑暗中的对话"

"黑暗中的对话"是一个独具创意的项目，由德国企业家 Andreas. Heinecke 博士设计。这个项目的想法其实很简单，就是由盲人或弱视的导游引领付费的游客，在完全黑暗的室内穿行，让游客在什么也看不见的情况下，体会过马路、逛公园、用餐等日常场景。

如今"黑暗中的对话"已发展成全球最成功的社会企业之一，通过专营权的方式在全球 20 多个国家的 150 多座城市举办了体验式展览，超过 600 万人体验了只凭借听觉、嗅觉、味觉和触觉感受周围世界的滋味。同时，它也为世界各地的盲人、残疾人和处于不利地位的人士提供业务培训，创造就业机会。自 1988 年起，全球有超过 6000 名视障人士通过"黑暗中的对话"获取生计及社会对他们的认同。不少身为雇主的体验馆访客也通过"黑暗中的对话"认识了残疾人士出色的工作能力，因而聘用残疾人士。

（资料来源：百度文库 https://wenku. baidu. com/view）

【思考】

1. 你的创业团队组建好了吗？
2. 谈谈团队中每个人的角色。
3. 谈谈你的团队的优势和劣势。
4. 领导者应该如何扬长避短，管理好团队？
5. 团队在经济效益、个人发展、团队模式、社会效益方面都有哪些打算？

社会责任并不只是创业成功的企业才有，处于初期的创业团队同样有这样的责任。

就创业企业生存的基础而言，创业企业要生存就必然要追求利润。创业团队经营企业的重点在于讲求效益，以最少的成本，获取最大的利润。同时向国家纳了税，为巩固国防、为社会建设、为满足人民生活提供了保障。因此，创造最大的经济效益是创业团队首要的社会责任。

从创业企业内部管理来说，创业团队还要注重创业企业内部员工在分配上的公平合理，注重对员工的培训和教育。要按规定给员工办理各种保险，保证员工各种合理的福利。社会就业扩大、员工素质提高、员工收入不断增长是社会稳定的重要基础，也是创业企业对社会稳定作出的重要贡献。

就创业企业与外部关系而言，在创业企业利益与社会利益发生冲突时，创业团队需牺牲自己的利益而保护社会的利益。有的创业企业经营活动与社会责任具有密切的关系，在追求利润的同时更要注重社会道德。

【课后训练】

1. 选择一家企业，了解并分析组建这家企业的创业团队的构成及特征，评价每个成员在企业中可能发挥的积极作用。

2. 了解优秀创业团队案例，分析有何共同点。

3. 假设你毕业后准备创业，在选择团队成员时就所学专业及特长有何要求？如果你是团队的领导者，如何更好地凝聚激励团队？

第五章

领　导

名人名言

我更害怕由 1 头狮子领导的 100 只羊，而不是由 1 只羊领导的 100 头狮子。

——塔列朗

一个众所周知的事实是那些总想统治人民的人最不适合做领导者……任何想让自己做总统的人最不胜任这个职位。

——道格拉斯·亚当斯

【学习目标】

1. 掌握领导的含义及作用。
2. 熟悉领导素质、类型及领导相关理论。
3. 了解领导技能及领导艺术。

【案例导入】

卡特与里根

卡特与里根都曾担任美国总统，但风格各异，在美国历史上的影响迥然有别。卡特任满届总统后未能继续连任，而里根却顺利连任两届总统，并且颇有建树。卡特原是一位海军军官，曾以一个有专业背景的管理人而闻名于世。就任总统后，为了要管理好这个庞大的联邦政府，他每天身陷在堆积如山的公文中不能自拔。据说他样样精通，事必躬亲，不是在办公室里批阅文件，就是在会议室里详细研究问题，人们称他为"管理式的领导者"。里根与卡特正好相反，他于 1980 年入主白宫，在任职的 8 年中，他通常把日常繁琐的事务全部交给幕僚去干，自己则专注于所谓的"重大"事务。美国人送给他一个"不粘锅总统"的绰号。

卡特与里根的领导差异具体体现在哪些地方？根据这个案例我们可以思考管理和领导一样吗？

（资料来源：孙立樵，邵殿国，张国梅. 领导科学案例教程. 中共中央党校出版社，2004.）

思考：

1. 领导到底是什么？
2. 领导者需要具备哪些素质和技能？

3. 领导者该怎样选择领导方式?

4. 领导有没有艺术可言?

第一节 领导的性质与作用

领导活动是与人类社会一起产生的。劳动产生了人,也产生了人类的领导活动,领导活动随着人类社会的不断发展,经历了一个由经验领导走向科学领导的历史过程。在古代社会,由于生产力不发达,人们的社会生活相对比较简单,而且生产和生活常常表现为周而复始的重复状态,所以领导者完全可以凭经验从事领导活动。如《三国演义》中的诸葛亮,他之所以经常能够有锦囊妙计,不仅得益于他饱读诗书,同时也来自他积极实践,善于观察和总结。但是,随着人类社会的不断发展,社会的多样性、复杂性日益增强,在这种情况下,领导活动的重要性和复杂性也日益凸显,更加需要实现科学领导,更加需要有专门研究领导活动及其规律的领导学。

一、领导概述

学术界对领导的含义有各种各样的界定。美国管理学家哈罗德·孔茨(1909—1984 年)认为:"领导是影响人们使之跟着去完成某一项共同目标的行为。"K·台维斯认为,领导是"一种说服人们热心追求一定目标的能力"。关于领导,三个英文单词 leading、leader、leadership 之间是什么关系呢? 单独看来,三个单词都可译为领导,但从三者之间的关系看,leader 是指从事领导工作和活动的主体,leadership 是指为了保证领导工作(leading)的有效性,领导者(leader)所应发挥的作用和应具备的关键能力,常译作领导作用、领导力等。

本教材将领导定义为对组织内每个成员(个体)和全体成员(群体)的行为进行引导和施加影响的活动过程,其目的在于使个体和群体能够自觉自愿并充满信心地为实现组织的目标而努力。

二、领导与管理

从含义上看,领导是带领和指导个体或群体实现共同目标的过程,而管理是通过综合运用人力资源和其他资源以有效实现目标的过程。领导者不一定是管理者,但管理者应该成为领导者,二者之间有一定的区别。

1. 职能范围不同 从管理过程看,领导是管理的一个部分,管理除了领导职能,还包含决策、组织和控制。

2. 权力来源不同 管理的权力来自组织结构对应的权力系统,领导的权力可以来源于组织结构的权力,也可以来源于其个人的专家权威性或领导魅力等。

3. 活动特点不同 领导活动侧重于对人的智慧和激励,更强调领导者的影响力、艺术性和非程序化管理,而管理更强调管理者的职责及管理工作的科学性和规范性。

领导者与管理者特征的区别见表 5-1。

表 5 – 1　领导者与管理者领导特征的区别

领导者的特征	管理者的特征
个人的影响力	职位的影响力
灵魂	想法
远见的	理性的
积极的	折中的
灵活性	问题解决型
鼓舞的	现实的
创新的	分析式的
大胆的	条框的
富有想象力的	深思熟虑的
实验的	权威的
推动变革	稳定的

三、领导的作用

在带领、引导和鼓舞部下为实现组织目标而努力的过程中，领导者要具体发挥指挥、协调和激励三个方面的作用。

（一）指挥作用

在人多繁杂的集体生活中，如果群龙无首，则会乱了方寸，没有秩序可言。此时，一位头脑清晰、胸怀全局、高瞻远瞩、运筹帷幄的领导者可以帮助人们认清所处的环境和形势，指明活动的目标和达到目标的途径，用自己的行动带领人们为实现组织目标而努力。

（二）协调作用

多人协作的集体生活就像是钟表的零部件，都有着各自的特性和作用，即使大家有着明确的共同目标，但因为个体的差异性，以及外部各种因素的干扰，目标的实现不会是一帆风顺的，总会遇到这样或那样的问题。因此，领导者在集体生活中充当着调节者的角色，协调个体之间的矛盾和摩擦，把大家团结起来，朝着共同的目标前进。

（三）激励作用

在组织实现其既定目标的过程中，人与人之间、部门与部门之间发生各种矛盾和冲突，以及行动上出现偏离目标的情况不可避免。面对这种情况，领导者就要寻找各种方法来激励员工。虽然员工也可以自我激励，但这种激励不会一直存在。在社会生活中，企业职工面临着各种压力，如果压力排解不了的话，就会影响企业目标的实现。那么如何才能激发员工的积极性呢？这就需要领导关注员工的内心生活，为他们排忧解难，从而鼓舞、激励他们，引导员工朝着同一个目标努力，激发员工的工作热情，使他们在企业经营活动中保持高昂的积极性。

【头脑风暴】

领导者的影响力就是指权力吗？

【小提示】

第二节　领导者与领导集体

所有的群体和组织都需要领导，而优秀的领导者对于领导效能的实现起着至关重要的作用。组织中的领导者往往不是一个人，而是一群人，他们构成领导群体，通过彼此的配合，为组织的发展提供保障。

一、领导者的素质

一个人之所以能成为领导，他身上一定有不同于一般职工的素质。而在这些素质中，个人品质或特征是最关键的。如何判断或预测一个人能否成为一个好领导，需要看他是否具有领导的特定品质和特征。根据领导品质和特征的来源不同，可分为传统领导品质理论和现代领导品质理论。

（一）领导品质理论

1. 传统领导品质理论　传统领导品质理论认为，领导者的优秀品质是与生俱来的，他们天生就具有当领导的潜质，这种潜质是后天再努力培养也无法达到的，因此这种理论也被称为伟人说。

2. 现代领导品质理论　现代领导品质理论认为，领导者的素质是在后天实践环境中逐步培养、锻炼出来的，可以通过后天的教育训练培养而成。从励志学的角度来说，这一理论更容易被普通大众所接受。

一个好的领导者必须具备哪些品质呢？心理学家斯托格迪尔（R. M. Stogdill）认为，与领导才能有关的品质很多，包括 5 种身体特征（如精力、外貌、身高等）、4 种智能特征、16 种个性特征（如适应性、进取性、决断力等）、6 种与工作有关的特征（职业成就、创造性等）、9 种社会特征（如合作性、人际关系等）。美国管理学家吉沙利提出品质理论，并就每个品质测算出了相对重要性（表 5 -2）。

表5-2 吉沙利的品质理论

品 质	重要性（%）
监督能力	100
职业成就	76
智力	64
自立	63
自信	62
决断力	61
冒险	54
人际关系	47
创造性	34
不慕财富	20
对权力的追求	10
成熟	5
男性化或女性化	0

事实上，有的研究成果很不一致，甚至有很多矛盾之处。有的品质在某项研究中对领导的成就有积极影响，而在另一项研究中则有消极影响，即同样的品质在不同的研究项目中会呈现出不同甚至相反的影响力。在实践中，这些品质仅仅与选择领导者有关，而与他们的成就没有太大关系。

（二）领导者基本素质

研究发现，优秀的领导者在思想素质、业务素质和身体素质等方面都会表现出优于常人的特征。

1. 思想素质 领导者应具有强烈的事业心、责任感和创业精神；有良好的思想作风和工作作风，一心为公，不谋私利，谦虚谨慎，戒骄戒躁；严于解剖自己，善于调查研究，工作扎实细致，实事求是，不图虚名，坚韧正直，笃实尚智；与群众同甘共苦，不搞特殊化；品行端正，模范遵守规章制度和道德规范；有较高的情商，具有影响他人的魅力，平等待人，和蔼可亲，不计较个人恩怨，既有虚怀若谷的大家风范，也有举重若轻的大将风度；密切联系群众，关心群众疾苦，多为群众办好事，不拉帮结派。

【链接】

坚强的戴高乐

作为法国最有威望的现代总统——夏尔·戴高乐在第一次世界大战中不幸被俘。他连续7次逃跑，虽然最终没有逃出去，但是他从不轻易言败的意志力却是极为宝贵的。第二次世界大战期间，法国在与德日之战中败阵，戴高乐在流亡英国期间，为维护法国的尊严和赢得战争胜利，带领法国人民不懈努力，为了目标而奋斗。他本人也成为法国人民的英雄和法国历史上最杰出的总统。

（资料来源：徐波. 远见：戴高乐领导力与大变局时代的启示. 北京：北京大学出版社，2023）

2. 业务素质　领导者应具有管理现代企业的知识和技能。

（1）具有一定的业务知识

①懂得市场经济的基本原理，知晓如何促进企业更好地发展。

②懂得管理的基本原理、方法，有一定的统计学、经济学等知识，了解国内外管理科学发展方向。

③懂得生产技术和有关自然科学、技术科学的基本知识。

④懂得思想政治工作、心理学、人才学、行为科学、社会学等方面的知识。

⑤能熟练应用计算机、信息管理系统和网络，及时了解和处理有关信息。

（2）具有较熟悉的业务技能

①分析问题的能力。能透过现象看清本质，抓住主要矛盾，找出解决问题的办法。

②正确决策的能力。能够在外部客观条件不断变化的情况下，综合各方面决策信息进行科学预测，在多种方案中选出最优方案。

③管理组织的能力。善于运用组织的力量，协调人力、物力和财力；具有大局观和整体观，能够统筹组织的整体发展，制定正确的目标。

④人际沟通的能力。善于与人交往，虚心倾听各方意见，积极进行意见交换与沟通。对上尊重，取得支持；对下谦虚，平等待人；对内有自知之明，对外热情宽厚、公平客观。

⑤不断创新的能力。对工作及时总结，做到谦虚谨慎；对新鲜事物保持敏感，秉持怀疑精神，思路开阔，想象丰富，善于提出新的设想、新的方案和新的目标，鼓舞下属去完成任务。

⑥知人善任的能力。重视人才和提高员工的业务能力，大胆提拔，勇于用新人。

3. 身体素质　领导者不仅需要足够的心智，还必须有强健的体魄、充沛的精力来承接高强度的工作。

二、企业领导的特质

中国加入世贸组织后，迎来了许多发展机遇，但伴随而来的还有挑战。这种挑战在经济全球化的大背景下变得越来越剧烈，尤其是对承担着众多责任的企业领导人来说更是如此。他们要在充满不确定性和竞争性的经营环境中作出研判变得更加困难。中国企业领导人需要具有哪些关键特质才能应对经济全球化环境下的高度不确定性呢？《世界经理人文摘》就此进行了相关调查，结果显示，中国企业领导人应具有十大特质，即建立愿景、信息决策、配置资源、有效沟通、激励他人、人才培养、承担责任、诚实守信、事业导向、快速学习。

（一）建立愿景

正如每个人的发展都离不开计划和梦想一样，企业也需要有自己的发展愿景，这样才能获得动力。因此，确立企业发展方向就成为领导人最主要的职责之一。个人梦想的设置和达成在于个人本身，企业愿景的建立则在于领导。如果领导不具备这种能力，其后果就是企业无法有序运转，如同发展失去了方向。有了正确的愿景，就能"以不变应万变"。

（二）信息决策

随着经济的快速发展，企业的经营环境更加复杂多变，来自市场各方的压力越来越大，不确定性越来越多。作为企业领导人应在这种不确定性的情况下进行有效决策，因为其中往往蕴藏着机遇，要抓住机遇，果断决策。

（三）配置资源

在资源有限的情况下，我们应该追求实现资源的最优配置，即把有限的资源配置用于产生最大效益的人员、项目与任务中，以实现效用最大化，这也是企业运行的一项基本任务。资源配置的有效性在一定程度上决定着策略的成功性。企业领导人要懂得如何合理配置资源，避免直接指令。

（四）有效沟通

优秀的企业领导者必须善于与人沟通，拥有高超的表达技巧，能够把复杂的事情用通俗易懂甚至幽默的语言表达出来。同时还要成为倾听大师，要有足够的耐心和热情。

（五）激励他人

成功的领导者必须在企业内部建立起有效的激励机制、透明的赏罚制度，员工能够根据绩效获得薪酬，让优秀的员工得到更多的认可，使他们产生归属感，从而更好地为企业贡献力量。

（六）人才培养

在成功的企业中，培养他人的能力，是判断领导成熟度的重要标准。作为领导必须善于育人、明责授权，这样才能拥有更多的人才，成功的机会才会更多、更大。

（七）承担责任

即使是优秀的领导在不确定性的环境中也不可能总是一次就把事情做成功。在遭遇挫折和失败时，只要勇于负起责任，认真总结，就会有成功的机会。领导者的岗位赋予了他们承担责任的义务，不确定性的决策往往具有风险性，但不能因为有风险就不做决策，风险性往往是超过其他企业并取得成功的关键点。作为领导要勇于承担风险和责任。

（八）诚实守信

诚实守信是有效管理不确定性的第一条原则。领导者的成功更多的是依靠自律与诚信，诚信能够在人际关系中保持吸引力，从而建立广泛而良好的社会、人际关系，吸引更多的优秀人才。

（九）事业导向

企业领导者必须具有强烈的事业心，把企业的事业当作自己的事业，全身心地投入到事业当中去。

（十）快速学习

许多成功的企业家都经历过事业的低潮或逆境，失败并不可怕。作为管理者必须善于学习成功的经验，在干中学，在学中干。

三、领导集体的构成

领导集体是由若干人组成的群体。一个结构合理的领导班子，不仅能使每个成员人尽其才，做好各自的工作，而且能通过有效的组合，发挥巨大的集体力量。领导班子的结构一般包括年龄结构、知识结构、能力结构和专业结构等。

（一）年龄结构

每个人的智力和经验都会随着年龄的改变而改变，领导班子成员的年龄结构非常重要，应该是老、中、青三结合，向年轻化的趋势发展。

现代社会处于高度发展之中，知识更新的速度越来越快。随着年龄的增长，每个人的知识积累也会相应增长，现代生理学和心理学研究表明，一个人的年龄与智力有一定的关系（表5-3）。

表5-3 年龄与智力的关系

智力（IQ） \ 年龄（岁）	10～17	18～29	30～49	50～69	70～89
知觉	100	95	93	76	46
记忆	95	100	92	83	55
比较和判断力	72	100	100	87	67
动作及反应速度	88	100	97	92	71

老、中、青各具优势，领导班子中老、中、青结合，有利于发挥各自的优势。

（二）知识结构

知识结构是指领导班子中不同成员的知识构成。领导班子成员必须具备广博的知识，否则难以胜任现代化企业的要求。在现代企业中，大量先进的科学技术被采用，在复杂多变的经营环境中，为了使企业获得生存，求得发展，企业领导者更应该不断提高自己的知识水平，向知识型转变。

（三）能力结构

领导的效能与领导者的知识有关，也与运用知识的能力有密切关系。管理好一个企业在于如何运用这些知识，这又被称为能力。能力包括决策能力、判断能力、分析能力、指挥能力、组织能力、协调能力，每个人的能力是不同的，擅长的方面也不同，企业领导班子应包括不同能力类型的人，既要有思想家，又要有组织家，还要有实干家，这样才能形成最优的能力结构，在企业管理中充分发挥作用。

（四）专业结构

专业结构是指领导班子的成员应由各种专门人才组成，形成一个合理的专业结构。在现代企业里，科学技术是提高生产经营成果的主要手段。因此，领导干部专业化是搞好现代企业经营的客观要求。

此外领导班子的结构还包括性格、党派结构、地区结构、性别结构等，按照这些要求形成的领导集体是一个结构优化、富有效率的集体。

【头脑风暴】

大家一定读过金庸的小说《天龙八部》，书中塑造了一个凤毛麟角的魅力型领导人物——少林寺的玄慈方丈，也就是带头大哥。但玄慈并非完美，不但有过重大决策失误，在品格上也存在缺陷，可是与他共事过的下属，即便是 30 年后，仍然不惜牺牲自己的性命和名誉来维护他的尊严和安危。玄慈是怎样做到的呢？

【小提示】

第三节 领导方式及其理论

一、领导方式的基本类型

领导者因其个人因素及外在因素的影响，在带领员工实现企业目标的过程中会选择不同的领导方式，这些方式可以保证领导者的工作效率。根据权力定位的不同，领导方式大体上可分为 3 类：专权型领导、民主型领导和放任型领导（图 5 - 1）。

1. 专权型领导 是指领导者单独决策，下属不参与决策。这种领导者的典型就是以秦始皇为代表的皇帝们。他们认为权力应当掌握在自己的手中，决策权只能自己行使，下属是命令的执行者和服从者。

2. 民主型领导 就像公民大会一样，领导者充分发挥下属的智慧，下属献言建策，集思广益，决策的得出是集体讨论的结果。

3. 放任型领导 这种领导方式类似于放养教育，下属想怎样做就怎样做，领导一般不过多干预。领导者只作为一种桥梁，打通下属与企业外部的联系，提供信息，以保证下属工作的顺利进行。

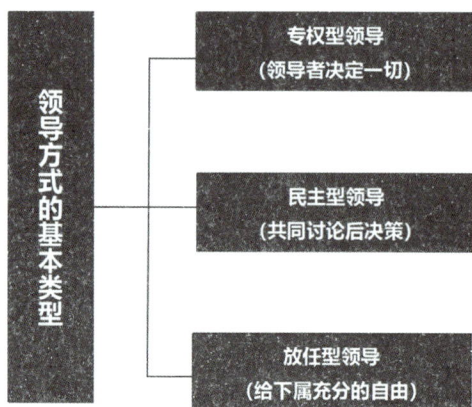

图 5-1　领导方式的基本类型

这 3 种类型的领导方式各有千秋，各具特色，可以适用于不同的环境，但通常民主型领导更被关注。从国内外企业的经营实践来看，无论哪种领导方式，在不同的环境下都有成功的案例。因此，不能简单地认为哪种方式更有效。作为领导者需要根据具体情况，选择合适的领导方式。

二、连续统一体理论

美国学者坦南鲍姆（R. Tannenbaum）和施米特（Warren H. Schmidt）认为，领导方式是多种多样的，从专权型到放任型，存在着多种过渡类型。根据这种认识，他们提出领导方式的连续统一体理论。图 5-2 概括描述了这种理论的基本内容和观点，列出了 7 种典型的领导方式。

以上级为中心的领导方式→　　　　　　　　　　　　　　　　　　　　　　←以下属为中心的领导方式

经理权力的运用						下属的自由领域
经理做出并宣布决策	经理"销售"决策	经理提出计划并允许提出问题	经理提出可修改的暂定计划	经理提出问题，征求意见，做出决策	经理规定界限，让团体做出决策	经理允许下属在规定的界限内行使职权

图 5-2　领导方式的连续统一体理论

（一）经理作出并宣布决策

在这种领导方式中，面对一个问题时，经理在众多可供选择的解决方案中选择一个，这一选择是经理自己做出的。他在做出这个选择的时候，可能考虑也可能不考虑下属的观点和想法，但是决策权掌握在经理手中，并将这一决策方案公布给下属，要求下属服从和执行。

（二）经理"销售"决策

经理按照自己的想法做出决策之后，下属可能接受也可能不接受，但为了企业目标的实现，为了决策的执行，必须通过各种方式让下属接受这一决策，通过"销售"这种决策给下属带来利益，以争取他们的支持。

（三）经理提出计划并允许提出问题

在这种领导方式中，重视下属的意见，有一定的民主性。要想让下属接受自己的决策，就先得让下属知道决策的具体计划和具体内容，下属在充分了解这一决策和意图后，提出问题和意见，经理能与下属充分讨论决策的影响。

（四）经理提出可修改的暂定计划

在这一过程中，决策权虽然掌握在手中，但经理只是提出暂定的计划，不是最终的结果，他允许下属发表意见，就制定的暂定计划向下属征求意见。

（五）经理提出问题，征求意见，作出决策

在这一过程中，确定某一待解决的问题，向下属征求意见。下属提出可供选择的方案，经理在对自己的和下属提出的方案中权衡利弊，综合考虑各方因素之后做出决策。这种领导方式可以充分利用下属的知识和经验。

（六）经理规定界限，让团体做出决策

把一部分决策权下放给团体。决策权由自己和下属共同行使，但行使的界限不同，对下属可以决策的内容划定界限，以此界定各自的权力，分工负责。

（七）经理允许下属在规定的界限内行使职权

在这种领导方式中，下属有很大的自由度，但需在经理界定的范围之内，即使经理参与了决策过程，他的身份也只是普通员工，与他人无异，也需要执行团体做出的决定。

坦南鲍姆和施米特认为，上述方式孰优孰劣没有绝对的标准，成功的经理不一定是专权的人，也不一定是放任的人，而是在具体情况下采取恰当行动的人。当需要果断指挥时，他善于指挥；当需要职工参与决策时，他能提供这种可能。

【链接】

缔造亚马逊神话的杰夫·贝佐斯

从 1994 年由一张门板临时拼成的工作台、三位员工和一台电脑，跪在坚硬的地板上忍着膝盖的疼痛打包货物，到今天全球最大的综合网络零售商，以超低的价格提供最具吸引力的便捷服务，贝佐斯缔造了亚马逊万货商店的神话，全世界都见证了这家图书销售网站的迅速崛起。

罗马不是一日建成的，探寻亚马逊取得如今这番成绩的原因，我们可以发现，贝佐斯始终坚守这 3 点：①始终把顾客价值放在第一位。②重视技术的持续投入。③授权给各级员工。

在这些方面，亚马逊非常值得大家学习，尤其是授权给各级员工，它是推动企业成长的根本动力，实现这一点首先需要做到鼓励试错行为。杰夫·贝佐斯表示："在我们起步之初，许多人认为亚马逊很大胆，甚至是在赌博。这与卖书有什么关系？我们当时有可能陷入这样的纠结中，

但我很高兴我们并没有这样。"他表示："亚马逊在允许失败方面是全球最佳公司。"

[资料来源：问鼎首富背后：贝佐斯的三条管理法则（2018 - 03 - 16）. http：//www. ceconline. com/leadership/ma/8800092394/01/ - ga = 2. 61198252. 100006854. 1589866909 - 323756123. 1589866909.]

思考：从贝佐斯的领导风格中，你学到了什么？

三、管理方格理论

管理方格理论（management grid theory）是布莱克（R. Blake）和莫顿（JaneS. Mouton）提出的。

该理论可以用一张方格图来表示，其中，横轴代表领导对工作的关心，纵轴代表领导对人的关心，数字的大小表示领导的关心程度。数字越低表明领导的关心越少，数字越高表明领导的关心越多，每一个小方格都代表着一种领导方式（图5 - 3）。

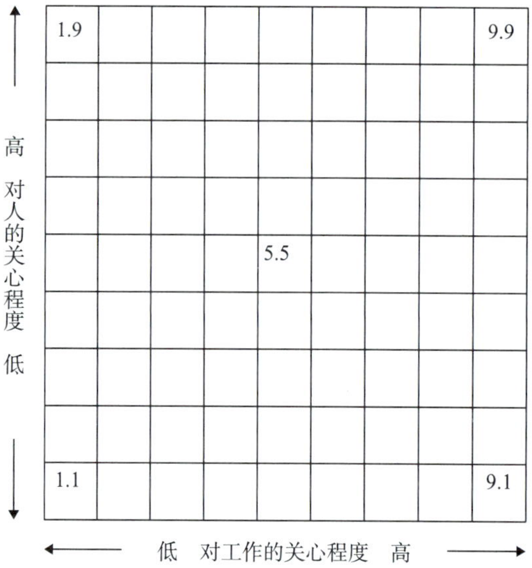

图5 - 3　管理方格图

布莱克和莫顿在提出管理方格时，列举了5种典型的领导方式。

（一）9.1型（任务型）

在这种领导方式中，领导只重视生产，不重视人，强调下属对工作的完成，是一种专权型的领导方式，下属只是完成生产的工具，只能奉命行事，所以下属失去进取精神，不能充分发挥积极性。

（二）1.9型（乡村俱乐部型）

这种领导方式与9.1型相反，即领导重视人，不重视生产，注重下属的观点和想法。在这种领导方式中，领导认为只要下属心情愉悦，生产就能提高。但这种领导方式具有不确定性，一旦和谐的关系破裂，生产就无法保证，企业的目标就无法实现，也就无法运行下去。

（三）5.5 型（中庸之道型）

这种领导方式处于中间状态，既不过分关注生产，也不过分关注人，在生产与人之间寻求一种和谐的关系，以免顾此失彼。这种领导的特征就是总想协调一切，害怕风险，中庸的思想使其无法创新，从长远来看，不利于企业的发展。

（四）1.1 型（贫乏型）

这种领导方式对人和对生产任务的关心都很少。其结果无疑会导致企业失败，但这种类型很少见到。

（五）9.9 型（团队型）

在这种领导方式中，领导对人和生产的关心都达到了最高点。领导既重视发挥下属的作用，又对生产很上心，通过建立一种和谐的职工关系来完成企业目标。职工在工作上相互协作，共同努力实现企业目标。这种领导方式能够充分调动员工的积极性，使其出色地完成任务。

通过对 5 种不同领导方式的分析可以得出这样一个结论：作为领导，既要关心下属，也要关心生产，不能过于专权，也不能过于放任，要充分发挥民主和集中的优势，只有这样，才能使领导工作大放异彩。

【链接】

《一出好戏》：普通人也可以成为领导

该片讲述了一个公司组织员工出海进行团建活动，但途中遭遇风浪，众人流落荒岛，与外界失去联系的故事。在这样封闭的孤岛上，他们失去了秩序和平衡，由此展现出人性百态。在群体的生活中一定会出现一个领导者，在这座孤岛上，就出现了这样三个领导者。

小王

王宝强饰演的小王会上树，会捕鱼，养过动物，还当过兵。他靠体力和强大的生存技能快速赢得众人的信任。小王还制定了一定的规矩，如若逾越，则会招致严厉的惩罚。小王这样的领导，在短期会给大家带来安全感，克服生存危机，但其粗暴的劳动统治、严厉的克扣，所赢得的只是众人表面的逢迎，无法抹除众人暗藏在内心的疏离与不满。

张总

于和伟饰演的张总就是一个对小王不满的人，既出于其原有公司领导者的身份而存在的固有傲慢，也因其有聪慧的头脑和管理的能力。张总无意间发现一些物资后，便据为己有，开启了新一轮的领导。他制定了一套新的生存法则，从小王领导时期的众人劳作变成以物易物和货币交换。张总像大机器时代的领导，有资本的积累、完善的劳动规则和买卖制度，但实质上他的领导是利益诱导，压榨劳动力，人们在这套体系下成了机器。

马进

黄渤饰演的马进靠着自己的善念和幸得的食物赢得了第一步积累，并制造了一场小王和张总各自领导的小团队的纷争，进而赢得了领导的主动权。他鼓励全体成员描绘未来的蓝图，创造轻松平等的生活环境，更用内心的善念带领团队走出虚幻的孤岛世界。

（资料来源：《一出好戏》：一座孤岛，三个领导．https：//baijiahao．baidu．com/s？id = 160914468419538434 4&wfr = spider&for = pc）

思考：假如你生活在这个孤岛上，会选择什么样的领导方式？

四、权变理论

所谓权变就是权宜应变。权变理论认为，没有哪一种领导方式适合于所有的情形，因为客观环境的不同，领导者总要采取不用的领导方式，所以，每一种领导方式都有其产生的特定因素。权变理论很多，被人们经常引用的是菲德勒权变模型。

为了测定领导者的领导方式，伊利诺伊大学的菲德勒设计了一种问卷，称为最难共事者问卷（least preferred coworker questionnaire，LPC）。该问卷的测试方式是询问领导者对最难合作的员工的评价，以评价词语为标准来确定领导者的领导方式。如果领导者采用积极的词语来评价该员工，那么他就是关系取向型（高 LPC 型）领导；如果领导者采用消极的词语来评价该员工，那么他就是任务取向型（低 LPC 型）领导（图 5 - 4）。

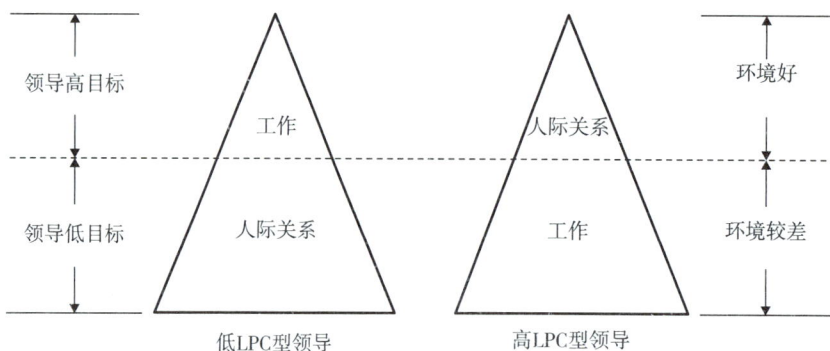

图 5 - 4　领导目标与环境的关系示意图

菲德勒通过三个因素来描述环境对领导者的影响：即职位权力、任务结构和上下级关系。他认为，任何领导形态均可能有效，其有效性完全取决于是否与所处的环境相适应。

（一）职位权力

职位权力是指与领导主体的职位相联系的正式职权，以及领导主体从其上层和整个组织、群体各方面所取得的支持程度。支持度越高，或者说下属的遵从度越高，领导环境就越好。

（二）任务结构

任务结构是指任务可分解的程度，即任务的明确程度和下属对任务的负责程度。任务越明确，下属对任务的负责程度就越高，领导环境就越好。

（三）上下级关系

上下级关系是指领导者与下属之间关系的和谐程度，即下属对领导者的追随度。上下级关系越好，领导环境越好。

根据以上三个因素的不同组合，菲德勒分析了 8 种不同的情境类型。

菲德勒研究了 1200 个工作群体，对 8 种情境类型中的每一种均对比了关系取向和任务取向两种领导风格。他的结论是：任务取向的领导者在非常有利和非常不利的情境下工作更有利。也就是说，当面对 I、II、III、VII、VIII类型的情境时，任务取向的领导者干得更好。而关系取向的领导者则在中等有利的情境，即IV、V、VI型的情境中干得更好（表 5 - 4）。

表 5 - 4　菲德勒的 8 情境类型

人际关系	好	好	好	好	差	差	差	差
工作结构	简单	简单	复杂	复杂	简单	简单	复杂	复杂
职位权力	强	弱	强	弱	强	弱	强	弱
环境	I	II	III	IV	V	VI	VII	VIII
环境	好				中等		差	
领导目标	高				不明确		低	
低 LPC 领导	人际关系				不明确		工作	
高 LPC 领导	工作				不明确		人际关系	
最有效的方式	低 LPC				高 LPC		低 LPC	

【头脑风暴】

领导力可以复制吗？

【小提示】

【拓展阅读】

SAP 公司 CEO：如何在异国企业做领导

面对来自任何国家的企业领导者，SAP 公司 CEO 孟鼎铭的建议都是理解和尊重企业文化，以及洞悉公司想要实现的目标之后，再找到达成目标的方法。

他回忆说："1992 年公司派我去波多尼哥扭转其不景气的业务。在工作前两周里，我与大家见面并听取他们的想法，以便理解为什么有些人表现糟糕。我不会说西班牙语，早期我会让助理为重要的短语注音，以便我与新团队加深联系。"通过改善区域消费者服务、提升员工士气，我们成功扭转了运营状况。

　　我在施乐的经历，以及后来担任高德纳咨询公司和希柏系统软件公司全球高管的经历，都再次验证了领导拥有好奇心与同理心的意义。例如，如果对美国人做演讲，我也许会说我们计划让该季度销售额提升30%，然后就会有掌声。在德国，我首先要解释目前业务所面临的问题，然后表达我们想提高30%销售额的意愿。在所有国家担任领导者，最重要的是会看场合，尊重文化，理解人们感知信息的细微差别，不能仅仅关注自己的议题以及如何完成，你必须关心文化的需求。

　　[资料来源：SAP公司CEO：如何在异国企业做领导（2016－11－02）. https：//www. hbrchina. org/2016－11－02/4683. html.]

　　思考：针对不同文化采取不同的领导方式，这种理念给你什么启发？

第四节　领导艺术

　　领导者的工作效率和效果在很大程度上取决于他们的领导艺术。领导艺术是一门博大精深的学问，其内涵极为丰富。领导艺术强调创造，是真善美在领导活动中的自由创造；另外强调有效性，领导实践活动是检验领导艺术的标准。

一、做事的艺术

　　领导人有条不紊地办事是一种艺术。在组织中，我们经常看到一些整天忙忙碌碌的领导，他们超负荷工作，几乎没有属于自己的娱乐和休息时间，甚至没有额外的学习时间，即使这样，还总是感到时间不够用。作为一个领导者，如果发现自己基本失去了自我支配时间的能力时，就应该思考自己是否占用了下属的职权，做了本来应当由下属去做的事。领导者必须学会给自己定位，并识人用人，凡是下属可以做的事，都应授权让他们去做，领导者只应做领导应做的事。

　　领导的事包括决策、用人、指挥、协调和激励。这些都是大事，是领导者应该做的，但绝不是说所有这些事都要由单位的最高领导一手抓，而应该对这些事加以分类，并按重要程度进行排序，将不同的事分别授权给各级去做。企业的最高领导者应该只抓重中之重、急中之急，并且严格按照"例外原则"办事。也就是说，领导要学会放权，已经授权给下属去做的事就不要再去干涉；领导只需要管那些极其重要的、不能对下属授权的例外事情。有些领导者没有清楚地认识到自己的地位和作用，对任何事情都一定要亲力亲为，结果只是无限制地加重自己的负担，既浪费了自己的时间和精力，又打击了下属的积极性。

　　领导者对于那些必须由自己亲自处理的事，也应先问三个能不能：能不能取消它？能不能与别的工作合并处理？能不能用更简便的方法处理？这样就可以对上述的重要事项再次进行筛选，去掉那些可以不做的事，其余的部分事项也可以合并起来用最简便的方法去做，从而提高效率，减轻负担，为领导对企业的发展筹划腾出时间，更好地发挥领导作用。

二、倾听的艺术

没有人与人之间的信息交流，就不可能有领导。领导人在行使指挥和协调职能时，必须把自己的想法、感受和决策等信息传递给被领导者，以影响被领导者的行为。同时，为了进行有效领导，领导者也需了解被领导者的反应、感受和困难。这种双向的信息传递十分重要。交流信息可以通过正式的文件、报告、书信、会议、电话、手机短信、互联网和非正式的面对面会谈等方式进行。其中，面对面的个别交谈是深入了解下属的较好方式，因为通过交流不仅可以了解到更多、更详细的信息，并且可以通过察言观色了解对方心灵深处的想法。善于同下级交谈是一种领导艺术。有些领导者在同下属谈话时，往往同时批阅文件，左顾右盼，精力不集中，不耐烦，其结果不仅不能了解对方的思想，反而会伤害对方的自尊，失去下属对自己的尊重和信任，甚至还会造成冲突和隔阂。所以，领导者必须掌握擅长同下属交谈、倾听下属意见的领导艺术。

（一）礼貌式倾听

即使对对方的话持怀疑态度，或者对所谈的事情毫无兴趣，在对方说话时也必须认真倾听。

（二）识别式倾听

要仔细观察对方说话时的神态，揣摩对方话语之外的隐含意思。

（三）共情式倾听

一旦谈话开始，就要做到认真倾听，让对方把话说完，不要在谈话中途随意打断对方，专注于对方正在谈论的话题，不要急于解释、质问和申辩。对方找你谈话是要谈他的感受，这对领导者了解下属的意见和想法是个不可多得的机会，应该采取平等的态度对待，不要摆出领导的架子来教育对方，过于强势的态度会打击下属与领导交流的积极性。至于对方讲得是否有理、是否符合事实，有待以后研究。

（四）提问式倾听

要掌握谈话与提问艺术，如果对谈话的内容存在疑问，或者想多了解一些对方的看法，可以采用舒缓的语气，将对方的意见换成疑问句简单重复一遍，"是这样吗""为什么"？这种提问方式含有鼓励意味，可让对方在无压力的情况下对所提意见做出进一步解释和说明。

（五）坦白式倾听

当对方诚恳地希望在谈话之后听到你的意见时，你必须抓住谈话要领，态度诚恳地就实质性问题做出简明扼要的回答，帮助他拨开心灵上的云雾，解开思想上的疙瘩。同时，也要注意谈话过程中因双方表达和认知不同而引起的理解误差，对方说的很多情况你可能并不清楚，特别是出现一些细微的分歧时，在没有实际调查之前，一定要慎重表态，以免造成被动，引发更大的误解。对于谈话内容也应该按照重要程度进行分级，若涉及重大原则问题或应由上级主管部门处理的问题，应实事求是地告诉对方，明确表明问题的重要性，自己无法独自处理，需要大家一起研究以后才能答复，切忌打"官腔"。

（六）平静式倾听

领导者必须控制自己的情绪，不能感情用事。很多时候，领导对谈话的内容并不完全认可，甚至会反感和不满，但是无论如何，都必须加以控制，始终保持冷静的态度，让对方畅所欲言，让他感到领导在关注他，在重视他。

三、合作的艺术

企业的领导者不能只依靠自己手中的权力，还必须取得同事和下属的信任和合作。有些新踏上领导岗位的人，往往只会自己埋头苦干，不善于争取他人的信任和合作；也有的人只想利用手中的权力使副手和下属服从，而较少考虑如何取得他们的支持和友谊。领导者与被领导者之间的关系不应当是一种刻板和冷漠的上下级关系，而应是真诚合作的朋友关系。

（一）平易近人

有的人深受封建思想的影响，头脑中依然残留着"官贵民贱"的想法，认为领导总要比平民百姓高一头。作为领导必须自觉消除这种高高在上的意识，保持礼貌和谦逊的态度，与同事和下属平等相处，示以尊重和友好；办事多用商量的口吻，广纳善言，多听取和采纳对方意见中合理的部分；要勇于承认和改正自己的缺点、错误，既不要轻易发脾气、耍态度、训斥人，也不要讲无原则的话，更不能随便表态、许诺。幽默受人欢迎，能使气氛轻松，但开玩笑应适度，掌握好分寸。至关重要的是要谦虚待人，以诚待人。

（二）信任对方

将工作分工授权给下属后，领导应对下属充分信任，不要随便干预，避免下属认为你对他的能力有所怀疑。领导应该通过授权让下属感到你对他很放心，让他有被企业这个集体需要的成就感。这样，下属就会主动加强同领导者的合作。如果领导者能在授权的同时，主动征求并采纳下属对工作的意见，使下属感到领导对他的器重，这将有利于增进相互之间的友谊和合作。如果领导者让自己的副手或下属长期感到被忽视，不能发挥作用，则必将招致他们的不满和怨恨。

（三）关心他人

群众最反感的是领导者以权谋私。所以，领导者应该随时保持高度警惕，不仅要杜绝以权谋私，更要在政治、思想、业务、生活等方面关心他人并做出表率。要有过硬的政治本领，不断提升自己的思想政治觉悟；要有海纳百川的胸怀，努力为提高下属的业务创造条件；要有兼济他人的气度，全力解决群众生活上的困难；要吃苦在前，享受在后，在经济利益和荣誉面前一定要先想到他人。所谓"饮水思源"，无论企业取得何等成就，一定要深思成功的来源，谨记那些为企业默默出谋划策、无私奉献的人们。此外，当员工面临困难的时候，领导者要在力所能及的情况下伸出援助之手，这是任何物质都无法衡量的情谊。

（四）一视同仁

人们之间的关系有亲有疏，这是正常的社会现象，领导者也不例外。但是领导者作为一个集体方向的引领者，为了增强企业的核心凝聚力，克服离心倾向，必须统筹协调职工之间的亲疏关系，既要着重培养一批命运与共的骨干，又要注意团结所有职工。对于那些与自己意见不同、关系比较疏远的人，领导者绝不能区别对待，而应该给予更多的关心，认真听取他们的意见，了解他们对企业发展的看法，以及分歧的原因，通过沟通交流赢得他们的尊重。特别是在处理诸如提级、调资、奖励、定职等有关经济利益和荣誉等问题时，必须一视同仁，秉公办事。如果下属犯了错误，无论亲疏，都要认真对待，真诚地帮助他认识错误，改正错误，进行处理时要设身处地地为他着想，坚持思想教育从严、组织处理从宽。领导者必须懂得，很多人工作上犯错误、出毛病并非本意，往往是因为想做更多的工作，想把工作做得更好，这时领导者应主动担责。在下属受到侵犯或蒙受冤屈时，领导要站出来，保护下属。这样企业职工才会感到所有人都是平等的，最重要的是努力提升自己的能力，为企业贡献自己的力量。这样"宗派"或"山头"就失去了存在的基础。

【链接】

卡耐基的用人之道

美国钢铁公司的创始人卡耐基是一个善于用人的领导者。他原本是一个对钢铁生产知之甚少的人，可他坚信事在人为，只要把那些专门知识比自己丰富得多的人才集中到自己的组织中，就一定能成就伟业。他善于网罗人才，用了近50名专家组成了自己的智囊团。这些专家都与他有着共同的目标——将钢铁企业推向强盛。在他的创业过程中，正是有了这些专家的出谋划策，才解决了生产与经营中的许多疑难问题，同时也创造了美国历史上的第一个"财团"。

卡耐基始终把人才作为企业最宝贵的财富。他曾说："将我所有的工厂、设备、市场、资金全部夺去，只要保留我的组织成员，4年以后，我仍然是一个钢铁大王。"卡耐基不嫉才、不疑才，愿意启导人才、栽培人才，于是，智者为其竭其虑，能者为其尽其才，贤者为其尽其忠。卡耐基深谋远虑，胸怀宽广，气量宏大，善于网罗人、培养人，成为领导人中的典范。他死后，人们在他的墓碑上刻下了这样几行字：这里安葬着一个人，他最擅长的能力是把那些强过自己的人组织到他服务的机构之中。

（资料来源：金延平．领导学．大连：东北财经大学出版社，2011．）

四、时间管理艺术

时间是做一切事情的前提，创造财富也要耗用时间。时间似乎是一种用之不竭的资源，但对个人来讲，时间又是个常数。因此，"时间就是金钱""时间就是生命"，这是实实在在的真理。为了在个人有限的时间里为企业创造最大的价值，领导者必须做时间的主人，能够掌控自己的时间。要学会科学地组织管理工作，合理地分层授权，把大量的工作分给副手、助手、下属去做，以摆脱繁琐事务的纠缠，腾出时间来做真正应该由自己做的事。

（一）记录自己的时间消耗

许多领导者经常是忙碌起来就忘记了时间，日复一日，年复一年，但真正回想自己忙碌的那些日子时，又难以说出究竟做了哪些事，哪些是必须由自己处理的，哪些是可以授权他人做的。长此以往，虽然花费了大量时间，但企业却没有得到很好的发展。为了在有限的时间里做更多有用的事，将时间效益发挥到极致，领导者必须养成记录自己时间消耗情况的习惯，将自己每天完成的事都记录下来，具体精确到几点办了什么事。每隔一两周，对自己的时间消耗情况进行一次分析，找出时间利用不合理的地方，从而改变时间利用方式，提高工作效率。

（二）学会合理使用时间

如何有效利用时间并不是一成不变的定律，不同的人、不同的事有不同的时间利用方式。对于企业领导者来说，最佳时间利用方式的确定取决于企业的特点、企业的管理制度和组织结构，领导者的分工以及个人的职责和习惯很难有一个统一的标准。表5-5是根据我国一些优秀企业家的经验列出的领导者每周时间分配，相较而言，这样的时间分配是比较合理的，体现了处理问题的主次原则。但尚有改进的空间，如领导者每周大多数时间用于业务的研究处理和应酬，学习与思考的时间较少，只是集中1次。事实上，真正有效的总结思考应该是每一两天1次，这样才能及时总结，1周1次很容易忽略甚至遗忘之前需要着重考虑的事。此外，业余时间的安排更加不合理，突出表现在加班加点多，很少有时间参加体育运动及发展业余爱好。优秀的领导者不是工作机器，而是一个人，一个既需要成功的事业，更需要温暖的家庭的普通人。所以领导者要有意识地把更多的业余时间用于家庭，包括妻子、孩子和父母。"工作狂"并不是一种美德，只是不会使用时间的一种"美称"而已。

表5-5　领导者每周时间分配

内容	每周小时数（小时）	时间使用方式
1. 了解情况，检查工作	6	每天1小时
2. 研究任务，进行决策	12	每次2~4小时
3. 与主要业务骨干交谈，做人的工作	4	每次0.5~1小时
4. 参加社会活动（接待、开会等）	8	每次0.5~2小时
5. 处理企业与外部的重大业务关系	8	每次0.5~2小时
6. 处理内部各部门的重大业务关系	8	每次0.5~3小时
7. 学习与思考	4	集中1次进行
8. 加班	12	每天2小时
9. 参加体育运动及发展业余爱好	2	每次0.5~1小时

（三）提高开会效率

开会是交流信息的一种有效方式。领导离不开开会，但开会也要讲求艺术。企业领导者每年要开上百次会，但重视研究和掌握开会艺术的人却不多。许多领导者整天沉沦于文山会海之中，似乎不少领导的职能就是开会、批文件，而开会是否能解决问题、效率如何，却全然不顾。只要开了会，该传达的传达了，该说的说了，就算尽到了责任。其实，不解决问题的会议有百害而无一利。开会也要讲求效率，会议所占用的时间也是劳动耗费。会议成本应纳入企业经营核算体系进行考核，以提高开会效率，节约领导者和与会者的宝贵时间。

【头脑风暴】

领导者在工作上花的时间越多就一定越称职吗？

【小提示】

【课后训练】

1. 简述管理方格图理论。
2. 简述菲德勒模式的主要观点。
3. 领导者必然具备哪些素质？
4. 领导和管理是一回事吗？
5. 从所学的领导方式及其理论中你得到哪些启示？

第六章
风险控制与管理

人和人类组织所从事的事情一定会出现错误，我们只能控制和减少操作错误的发生。

——墨菲定律

【学习目标】

1. 掌握控制的方法和技术。
2. 熟悉风险管理的方式和手段。
3. 了解风险控制的必要性和控制的内涵，区分不同类型的控制，描述控制过程。

【案例导入】

提升风险管控思维，助力企业化危为机

广为人知的乐视和锤子科技的失败、瑞幸财务造假事件等无不在时刻提醒创业者，企业的成长和成功并非易事。无论企业身处何种产业、具备哪些创业资源，企业的发展与创新总是处于特定的内外部环境之中。企业外部的政治、经济、社会、技术、文化环境等每时每刻都在发生着各种变化，给企业带来机会或威胁。企业内部的制度建设、组织结构和管理职能分工伴随着企业的业务和市场目标变化也会不断调整，但这些试图提高企业管理效率实现企业经营目标的调整却不一定总是成功。因此，企业在发展过程中，会面临来自企业内外部的各种风险甚至危机，影响企业目标的达成。因此，企业在发展过程中必须引入风险控制职能，提高风险管理能力，尽可能规避风险，一旦风险或危机出现时也能快速摆脱，化险为夷，将危机转化为企业的新机遇。

[资料来源：①新华网．上海高院公布"乐视案"民事裁定书　称案件未开庭将依法审理（2017－07－05）．http：//m. xinhuanet. com/2017－07/05/c_ 1121263905. htm. ②凤凰网．罗永浩被骂惨！锤子手机失败原因曝光（2023－01－08）．http：//h5. ifeng. com/c/vivoArticle/v002c1－hvus0jnPqb0fE8MEPibS－r6SqGKcxDHkcSwXHRKs？isNews＝1&showComments＝. ③中新网．银保监会谈瑞幸咖啡财务造假：积极配合主管部门依法严厉惩处（2020－04－22）．https：//baijiahao. baidu. com/s？id＝1664656051 693990443&wfr＝spider&for＝p]

第一节 风险控制与控制过程

一、风险控制及其类型

（一）风险控制的定义及其内涵

1. 风险控制的定义 风险控制是组织为了达成特定目标，保证组织各项行动按照事先的计划进行，对组织各项行动和效果进行追踪和评价，发出预警和发现偏差，并采取积极的措施进行纠偏的一系列过程。一个组织的控制系统越完善有效，管理者就越容易实现组织发展目标。

2. 风险控制的内涵 组织的控制职能涉及一系列控制活动和过程，是一个系统化的工作，要确保组织目标的有效实现，对组织资源进行高效率的配置和协调，就需要充分认清控制职能中的主体、对象、手段和原则等内涵。

（1）控制主体 组织控制工作要由组织中各级人员实施与配合，包括公司股东会、董事会、各级管理者和员工。股东和董事会等高层控制主体通常对组织整体性、全局性的战略和经营活动进行控制，各级管理者根据管理职能范围对所负责经营活动和业务内容实施具体控制。员工则根据自身岗位责任对岗位范围内的工作内容实施控制。

（2）控制对象 控制对象是指组织控制过程中所追踪或评价的制度、财产、人、信息。

①制度：组织发展过程中的组织机构、职能体系、权力系统构成组织制度体系，随着组织的不断发展，往往会出现制度体系适应不了组织发展要求的情形，从而影响组织计划的实施和目标实现，需要对其进行控制和调整。

②财产：组织中的财产既包括组织的固定资产、原材料、中间产品、最终产品等有形资产，还包括组织文化、品牌等无形资产，财产控制可以保护组织财产经济价值的安全与提升。

③人：人是组织一切活动的实施主体，不论是管理者还是普通员工，人都具有经济属性和社会属性。组织中的每个人均面临组织目标与个人目标的协同问题，组织对个人的能力要求与个人能力之间是否匹配，决定组织控制工作离不开对人的监督和评价。

④信息：组织运行过程中会产生大量的内部信息、生产信息、成本信息、销售信息、人事信息等，同时组织发展也离不开对外部环境信息的获取，如来自供应商、销售商等合作伙伴的信息，来自竞争对手的信息，来自市场环境和宏观政策的信息等，如何确保所有信息的真实性、及时性、完整性是控制工作的重要内容。

（3）控制手段 组织在控制过程中通常采用制度权威控制、经济控制、内在价值观控制等。

①制度权威控制：为了保证组织从各级管理人员到普通员工都能立足自身岗位职责，做到举止适当，且优化工作内容，组织通常会通过一系列行为规范和制度，约束和引导人的行为。

②经济控制：利用经济指标和手段对组织资源进行分配及战略调整，利用奖惩措施引导和激励组织各部门及员工朝着组织目标而努力。

③内在价值观控制：注重组织文化和品牌形象建设，从价值观上引导员工，让员工知道在达

成组织目标的努力过程中什么是最重要的；从品牌形象上吸引消费者，让消费者在做出选择的过程中知道什么是他最为看重的。

（4）控制原则　控制职能是组织管理工作中必不可少的职能之一，如果控制不恰当，组织发展就会偏离正确轨道，因此在控制职能中应秉持适时、适度、弹性控制的原则。

①适时控制：对组织相关工作开展过程中可能出现的偏差和可接受的偏差范围进行事先预测和估计，紧密追踪偏差发生的可能性和程度，在适当的时机采取措施，及时纠偏。

②适度控制：过多的控制会对组织活动产生过度限制，影响员工的积极性和创造性，造成组织僵化；过少的控制会导致组织的过度自由，造成组织松散和工作无效率。因此，组织控制工作应坚持适度控制原则，结合组织工作特点，采取适合组织工作节奏的控制力度和频次。

③弹性控制：组织在发展过程中，由于内外部环境的变化，总会出现一些突发的、不可抗拒的意外情况，例如，2019 年开始暴发并席卷全球的新型冠状病毒肺炎疫情就对各企业的生产经营造成了非常大的冲击，有效的组织控制是在面临各种意外时，仍然能够及时发挥作用，包括对组织的计划、标准进行弹性调整，保证组织的健康运行。

（二）风险控制的类型

风险控制从不同的角度和维度可以划分为多种类型。根据控制工作的时间进程，可分为前馈控制、同期控制和反馈控制；根据控制内容可分为质量控制、成本控制、风险控制、激励控制等；根据控制职能作用于控制对象的路径，可以分为直接控制和间接控制。本书重点介绍控制工作时间进程的 3 种类型。

1. 前馈控制　前馈控制又称预先控制或事前控制，是指组织在正式工作开展之前，对未来工作中可能发生的偏差进行预测和风险评估，采取一定的预备措施防患于未然。前馈控制具有明显的未来导向，强调在问题实际发生之前就采取行动予以控制。前馈控制的例子在人们日常生活和企业经济活动中普遍存在。在日常生活中，人们通常会为了预防下雨而携带雨伞，担心上学或上班迟到会设置起床闹钟。在企业经济活动中，企业为了保证员工围绕企业利益和目标努力工作，会事先制定一系列工作章程。当企业发展前景乐观、市场需求旺盛时，为了避免产品供不应求导致脱销，企业会多生产和加大存货储备。有效的前馈控制能够防止问题的发生，而无需在问题发生时再进行补救。前馈控制通常需要充分了解计划工作开展可能受到的干扰因素，但要及时准确获取这些干扰信息，组织管理者还必须借助其他类型的控制。

2. 同期控制　同期控制又称现场控制或同步控制，是指发生在组织活动进程中所采取的控制。同期控制是对现场出现的偏差进行及时纠正，从而避免出现重大损失。同期控制包括监督和指导两个方面。例如，企业为了避免产品出现质量问题导致客户流失，会从原材料到生产流程制定严格的质量控制标准。企业管理者按照预定的质量标准对原材料采购和生产流程进行检查、监督，当出现问题时，会针对所出现的问题，凭借自身经验，采取有效方法对下属予以指导，以改进工作，纠正偏差，达到所规定的质量标准。

现场控制要求在工作现场进行，对组织管理者的时间、精力和业务水平都有较高要求。有效的现场控制能营造良好的工作氛围，提高员工的工作积极性和能力，但如果过度监督或指导不力，反而容易导致管理者与员工之间形成对立，挫伤员工的工作积极性。对一些难以量化评估的工作，应用范围比较有限。

3. 反馈控制　反馈控制又称事后控制，控制工作发生在组织行动结束之后。反馈控制关注组织行动结果与预期结果之间的偏差，并据此判断计划的目标是否达到。如果与计划目标有较大差距，就会采取相应措施加以调整。反馈控制措施包括两方面内容：一是通过偏差评估，反思是否计划本身出了问题。如果计划本身脱离实际情况，管理者便会修正和制定更有效的新计划。二是梳理偏差出现的原因，总结工作失误的经验教训，为下一次计划活动的正确开展提供依据。

在实际控制工作中，反馈控制的应用相当普遍。企业的财务报表就是反馈控制的例子。如报表显示利润下降了，这是已经发生的利润结果。管理者唯一的选择就是实施反馈控制，找出利润下降的原因，是收入下降导致的利润下降，还是成本上升导致的利润下降，从而制定针对性措施，以使利润状况得以改善。

一个组织所采取的控制类型是多种多样的，没有哪一种控制是绝对完美的。组织只有根据自身特点选取最适合的控制类型，才能达到有效控制的目标。也就是说，组织控制工作仍然要考虑权变因素，要考虑组织规模、管理幅度和管理层次、集权与分权、领导特性、组织文化、活动特性等具体因素。控制是需要成本的，只有控制带来的收益大于控制成本，控制才是经济可行的。

二、风险控制过程

在管理控制工作中，控制的主体和对象各异，可选择的控制方式和类型也是多种多样，但控制过程则基本是一致的。控制过程可以分为确立标准、衡量成效、纠正偏差三个步骤（图 6 - 1）。

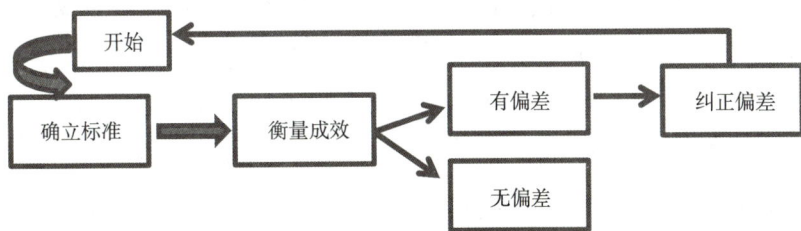

图 6 - 1　控制的基本过程

（一）确立标准

组织要对工作开展情况进行控制，对出现的偏差进行纠正，就必须有明确的标准。因此，确立标准是组织控制工作进行的起点，管理者需围绕组织计划，研究整理一套完整的控制标准。

1. 明确控制对象　这是控制工作开展前要明确的问题。组织控制的目标是为了保证组织目标的顺利实现，因此对组织目标实现产生影响的各种因素便成为组织控制的对象。

影响组织目标实现的因素主要有以下几方面。

（1）**环境和趋势**　组织决策和计划的制定都是基于管理者对组织内外部环境和未来趋势的判断而开展的，如果现实环境与预期之间出现偏差，或者出现了一些不可抗力的变化，组织计划活动便很难正常开展。因此，组织计划制定时所依据的内外部环境和趋势认识成为控制对象。

（2）资源投入　组织活动的开展，首先需要固定资产、人力资源、原材料、中间产品等多种投入，进而通过对投入资源的配置和生产实现价值的创造。只有对资源投入进行控制，才能保证资源投入能够满足组织生产经营所需。

（3）活动过程　组织投入的资源在变成最终产品和服务前，必须有一个产业化的过程。生产方式、生产工艺、生产管理不同，实现组织目标的路径会随之发生变化。因此，组织应基于所选择的生产路径，建立员工工作规范，明确各职能部门的职责和阶段化成果指标，对活动过程进行有效控制。

2. 选择控制重点　任何控制工作都会产生控制成本，这就决定组织在控制工作中必须遵守适度控制和弹性控制原则，基于确定的控制对象，选择关键环节实施控制，即对组织工作运行有重大影响的操作与事项、对主要绩效指标完成有决定性影响的因素和事件。

（1）企业的获利能力　企业应重点关注成本结构的变动或资源使用效率情况，监测市场上价格水平的波动。

（2）企业市场地位　任何企业都处于特定市场环境，企业应关注所处市场的集中度变化和竞争对手的市场势力变化。

（3）产品地位　企业应定期关注和评估自身产品在市场上的质量、技术、价格等是否是备受青睐。

（4）人力资源　企业应重点关注员工对企业的忠诚度，企业是否激发了员工的工作热情，企业是否让员工的职业技能和素质有学习和提升的通道。

（5）社会责任　任何组织要想获得长期发展，都应遵守法律和道德规范。社会责任已经成为组织管理工作越来越重要的课题。

3. 确定控制标准　组织选择了控制重点之后，就要结合不同的控制对象特点，基于简明、适用、可操作性的原则制定一系列控制标准。控制标准根据控制对象的不同可以分为时间标准、生产率标准、质量标准、品质标准、市场绩效标准等。组织常见的控制标准制定方法有统计计算法、经验评估法和工程技术法3种。

（1）统计计算法　企业根据发展的历史资料和数据，或结合行业同类企业的历史数据，运用统计学方法对企业经营的工作标准进行确定。

（2）经验评估法　事实上，并非所有活动都有完整的数据，也不是所有的活动都适用于量化分析，因此对于难以量化的成果和工作，组织可通过管理者的知识、经验和判断来确定控制标准。

（3）工程技术法　企业通过生产过程的客观分析和实测数据，基于所采用设备和生产线的技术参数制定企业工人操作标准、劳动时间定额和产出标准。

（二）衡量成效

管理者制定了控制标准之后，就可以将现实的工作情况与标准进行对比，发现是否出现了偏差，并对偏差的程度予以衡量。只有衡量精确，管理控制才有效。在衡量成效的过程中，管理者需注意三方面的内容。

1. 明确衡量主体与项目　衡量主体是对实际工作进行评价的主体，可以是上级主管、职能部门人员，也可以是工作执行者。不同的衡量主体，决定了控制工作的类型、控制方式和控制效果。衡量的项目越明确，就越清楚是对什么进行衡量。因此，要将注意力放在实际工作中与控制标准所对应的要素上，并保证衡量内容的客观性和完整性。

2. 选定衡量方法　衡量方法包括亲自观察、抽样调查、利用财务报表和分析报告等。财务报表分析可以衡量企业的盈利情况、成本、销售收入、现金流等。但是也存在一些无法直接衡量的工作，比如科研人员的工作、管理者的管理工作、员工的工作热情等，这就要求在实际衡量过程中要基于衡量项目的特点，结合多种方法进行。

3. 确定合适的衡量频度　在控制工作中，控制过多或过少都很难实现有效控制。因此，确定适宜的衡量频度很有必要。采用定期衡量还是不定期衡量，每天、每周或每个月、每个季度、每年衡量，都要根据控制活动的特点而选择，确保在合理控制成本的范围内，并快速纠正。

（三）纠正偏差

组织利用科学的方法和依据进行绩效衡量之后，便可发现工作开展中是否出现了偏差。如果没有偏差，需要分析控制标准是否有足够的先进性。如果出现偏差，要判断偏差的程度是否在可接受范围内，如果偏差超出合理的安全范围，就要选择恰当的措施予以纠正。

1. 分析偏差　现实工作与控制标准之间的差异就是偏差。实际绩效高于控制标准时为正向偏差，实际情况低于控制标准时为负向偏差。组织首先需要评估偏差对组织目标影响的程度，有些偏差不一定会对组织运行结果产生影响，有些偏差却会严重影响组织效率和目标实现。因此，组织需要对偏差产生的原因进行分析，是偶然性、暂时性的因素还是可能持续影响的因素，是来自企业内部管理的因素还是外部市场环境的因素，等等。只有明确了偏差产生的原因，才能做到对症下药，为后期控制标准修订和偏差纠正提供明确的指导。

2. 纠正偏差　依据对偏差产生的原因分析，组织的偏差纠正工作可从两个方面展开。

（1）修订标准　组织的计划与标准都是事前制定好的，但在实际工作开展过程中，随着组织内外部环境的变化，可能会出现控制标准不适用于现实状况的情形，这时就需要对组织计划予以调整，修正控制标准，使之更符合组织实际。

（2）改善工作　如果偏差排除计划本身和标准的因素，就需要对超出合理范围的偏差进行纠正，改善组织绩效。组织偏差纠正工作会涉及管理层和员工等人的行为的纠正，因此要从组织结构、领导方式、人员激励与培训等方面着手，此外也涉及硬件和软件环境等的改善。组织领导者要改善企业的硬件环境，优化要素投入，创造组织发展的良性文化等软环境。

第二节　风险控制方法与技术

企业的健康发展需要过硬的产品和质量控制、准确的市场定位和控制、资源的合理分配和效益控制、团队行为激励和控制等，因此，从不同的角度，企业的风险控制方法和技术有多种类型，具体包括预算风险控制、财务风险控制和审计风险控制。随着新一代信息技术的发展和互联网的深入应用，信息技术在企业风险控制和管理中发挥的作用越来越突出。

一、预算风险控制

预算风险控制是将企业未来要开展的计划和活动以数字化的方式进行编制，可操作性很强，企业可以很方便对现实工作进行评价和偏差识别。企业常用的预算风险控制表现为各种财务预算，通过财务预算，企业对原材料、工资、收入、成本等方面的要求进行约束，通常能产生很好的经营控制作用。

（一）预算的内容

尽管不同企业的生产经营特点各异，预算表中的具体项目会有一些差别，但总体来讲，预算内容大致相同。

1. 收入预算　收入是企业生产经营产品和服务的价值实现，取决于销售终端的绩效水平。因此，收入预算的重点是依托销售预算展开。如何进行合理的销售预算，企业必须基于客观的销售预测进行，必须分析企业过去的销售业绩、当前的市场份额和未来市场需求的发展趋势，确定企业为了实现目标利润所需要达到的销售业绩。在具体实施过程中，销售预算和收入预算要考虑企业不同产品的特点、不同区域市场的特点和不同季度（淡旺季）的销售特点。

2. 成本预算　企业所有产品和劳务的提供都来自生产过程的制造，需要投入各种投入要素和中间产品。企业为了实现产品销售或服务提供，需要投入费用编制预算。例如，需要预算直接材料费用、直接人工费用和附加费用。预算直接材料费用能让企业清楚需要采购多少原材料，为采购部门的工作开展提供依据。直接人工费用预算可为企业组织员工生产和人员配置提供依据，附加费用预算对企业的管理费用、营销费用、设备维修、资产折旧等耗费性费用进行把握。

3. 现金预算　现金预算是指财务部门对企业生产和销售过程中的现金流入和流出进行预测进而编制。现金预算工作只针对包含现金流程中的项目，赊销款在实际收款前不能列入现金收入，赊购所得原材料在实际付款前也不能列入现金支出。现金预算有助于企业提高资金使用效率，避免资金闲置或资金紧缺。

4. 投资支出预算　当企业所创造的收入超过所支出的成本时，便产生利润。利润可以用来分配股东红利，更多的是用来扩大企业规模，促使企业不断发展壮大。投资支出预算通常包括企业新建厂房、更新改造设备、改进产品工艺、管理人员和员工培训、加大广告宣传投入等。

（二）预算的形式

任何预算都是用数字形式表述的。企业总体目标的预算称为全面预算，必须统一用货币单位进行计量；企业的具体职能和生产部门活动，则可以根据职能和生产特点采用其他单位进行计量。

1. 静态预算与弹性预算

（1）静态预算　静态预算又称固定预算，是指企业根据所能实现的固定业务量来编制预算。这种方式传统且简便易行，但由于指标固定，如果实际经营出现较大偏差时，预算指标的可比性较差，会影响控制的有效性。因此，对于销量稳定且业务变动不大（如固定成本）的工作才编制静态预算。初期的固定资产购置、投资规模和融资额等可采用静态预算编制，企业经营业务市场范围明确且客户群体稳定，如依托高校、小区的大多数商业项目也可以采用静态预算编制。

（2）弹性预算　弹性预算又称可变预算，通常关注可变成本，以可变成本与产量、销量和利润之间的相互关系为依据，按照计划期内可能实现的相应目标编制有伸缩性的预算。其编制程序为：选择业务量的计量单位→确定业务范围→确定成本类型（固定成本、变动成本和半变动成本）→确定预算期内各业务量水平。其中，业务量的计量单位包括产品产量、产品销售量、机器小时、人工小时、吨公里等；业务范围区间可结合企业过去业务量的最高水平和最低水平确定，也可按照正常经营业务量的 70% ~ 120% 确立，然后再划分业务量等级；成本类型通常分为固定成本和可变成本，可变成本与业务量之间存在依存关系，最后对各业务量水平的数据进行预测，形成弹性预算。

以成本的弹性预算为例，成本的弹性预算 = $\sum$（单位变动成本预算数 × 预计业务量）＋固定成本预算数。

假设甲公司 2023 年预计 A 产品销量在 500 ~ 600 台，每台单价为 1 万元，平均可变成本 AVC 为每台 0.6 万元，固定成本 FC 为 100 万元，其成本弹性预算情况见表 6 - 1。

表 6 - 1　甲公司成本弹性预算表

项目	单位	销量 1	销量 2	销量 3	销量 4	销量 5
销售量	吨	500	525	550	575	600
销售收入	万元	500	525	550	575	600
变动成本	万元	300	315	330	345	360
边际贡献	万元	200	210	220	230	240
固定成本	万元	100	100	100	100	100
利润	万元	100	110	120	130	140

若该公司业务量非常稳定，A 产品销量常年保持在 500 台左右，那么其成本预算便可采用静态预算，只取表中 "销量 1" 列数据即可。

2. 零基预算与增量预算

（1）零基预算　是指组织预算工作每次都从零开始，不会受上一年度业务水平的影响。企业完全从现有各项业务和流程出发，根据发展需要和目标，立足企业实际情况，进行业务和流程优化取舍，根据每项业务和流程的成本效益分析，确定必要开支，根据企业所拥有的实际可支配资金，制定各个项目的费用预算。需要注意的是，在零基预算编制过程中，企业各职能部门对预算项目进行的调研和讨论越充分、越细致，预算编制得就越准确，越有利于优化资源配置，给企业带来经济价值和效益提升。

例如，甲医院为了提升医疗技术和服务水平，2022 年采购了新的医疗设备。经过调查，来院就诊的患者对医院的满意度明显提升，2023 年医院计划医疗技术全面升级，对设备采购费和职工培训费做了零基预算（表 6 - 2）。

表 6 – 2　甲医院 2023 年零基预算　　　　　　　　　　　　　　单位：万元

费用项目	2022 年发生额	2023 年预算金额	备注
设备采购费	500	800	2022 年医院设备采购费实际发生额为 500 万元，2023 年为了进一步更新设备，根据设备型号和市场多方商务谈判后，预算费用为 800 万元
职工培训费	30	50	为了使职工快速、熟练掌握新设备的操作技能，提高医疗水平，2022 年实际发生培训费 30 万元。根据 2023 年的培训课程体系和内外部培训费用标准，编制 2023 年的培训费预算为 50 万元

（2）增量预算　是基于增量的思想，企业基于上一年度的实际绩效来编制本年度的费用预算。增量预算法由于有前期费用基础，所以操作性强，应用范围广。但增量预算与零基预算相比，通常认为已经发生的历史费用均是合理有效的，因而往往以已经发生的费用标准作为未来费用预算的标准，而较少考虑费用发生的必要性，这样便容易造成企业资源的浪费，导致不必要的经济损失，甚至影响业务的顺利开展。

例如，甲企业根据预测 2023 年的销售收入将在 2022 年的基础上增长 20%，由此编制了可变成本增量预算表（表 6 – 3）。

表 6 – 3　甲企业可变成本预算　　　　　　　　　　　　　　费用单位：万元

项目	2022 年实际发生额	2023 年增减比率（%）	增减额	2023 年预算金额
销售人员工资	100	20	20	120
差旅费	20	20	4	24
培训费	5	20	1	6
运输费	10	20	2	12
广告费	15	20	3	18
业务招待费	10	20	2	12
其他变动费用	15	20	3	18
合计	175	20	35	210

二、财务风险控制

财务控制是企业常用的也是最重要的风险控制方法之一。如果把企业比作行驶在马路上的汽车，那么财务指标就是汽车的仪表盘，能够反映企业的投入产出、成本收益情况，还可通过一定的相关指标比较形成一系列财务比率指标，对企业的财务状况和经营情况进行衡量，及时发现企业财务状况和经营风险，从而进行校正与纠偏。

财务控制比率指标体系见图 6 – 2。

（一）盈利能力比率

企业以尽可能实现利润最大化、成本最小化为经营原则，因此盈利能力比率可反映企业的经营业绩和盈利能力，是非常重要的控制指标。常用的盈利能力比率有销售利润率和总资产收益率。

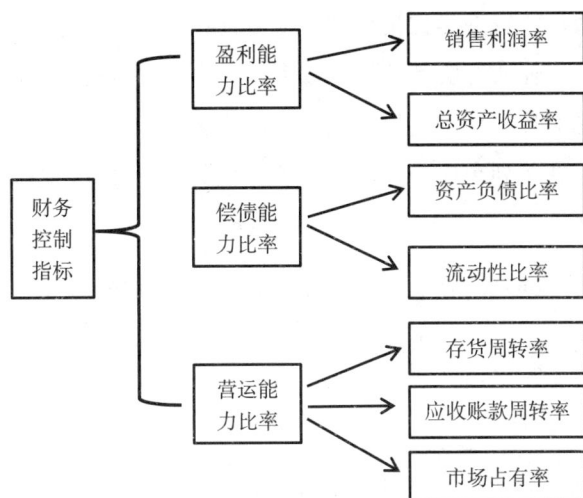

图 6 - 2　财务控制比率指标体系

1. 销售利润率　销售利润率是销售净利润与销售收入总额之间的比值。销售净利润是销售收入扣除产品销售研发、经营和销售过程中所有费用之后的剩余部分。销售净利润与销售收入总额之间的比值能反映企业的产品销售是否获得了足够的利润，对不同产品和不同经营单位的销售利润率进行比较，有助于企业掌握和分析优势产品和劣势产品。

销售利润率的计算公式：

销售利润率 =（销售净利润总额/销售收入）×100%

其中，销售净利润总额 = 销售收入 - 销售成本 - 费用

费用 = 销售费用 + 管理费用 + 财务费用

从销售利润率的计算公式看，企业要提高自身盈利能力，在追求销售收入增长的同时，控制好销售成本，尤其是三大费用销售费用、管理费用、财务费用的支出比例尤为重要。销售费用支出能够刺激消费，带来销售收入的增长，但过多的销售费用支出所带来的边际销售收入不会一直增长，需要谨慎。管理费用中，尤其研发创新费用的增长，有利于产品创新和形成差异化竞争优势，对企业长期盈利能力的保持发挥积极作用，但如果研发创新成果的市场化不成功，管理费用不能最终转化为更多的销售收入，将会给企业带来负担。财务费用来自企业借助金融财务杠杆快速拓展业务，但财务费用过高也会降低销售净利润，甚至影响企业现金流。企业应围绕销售利润率指标变动情况，根据企业所处的发展阶段和市场趋势，合理规划成本和费用开支，维持良好的盈利能力。

2. 总资产收益率　总资产收益率等于企业在经营期的利润总额与该期企业总资产的比率，是衡量企业资金利用效果的重要指标。总资产收益率可以反映企业的盈利能力、发展能力及竞争实力。

总资产收益率的计算公式：

总资产收益率 =（净利润/当期资产总额）×100%

其中，净利润 = 利润总额 - 所得税

当期资产总额 =（期初资产总额 + 期末资产总额）/2

从计算公式看，总资产收益率是比销售利润率更具综合性的盈利能力比率，它不仅取决于销售利润率水平，还取决于企业所有资产的运用效率。企业在进行资本市场融资或引入新的投资者时，总资产收益率往往是对比和评估的重要投资指标。

假设甲投资公司计划在下列企业中选取一家进行长期股权投资，各企业的总资产收益率情况见表6-4。你认为你所在的 D 公司有可能获得这笔投资吗？

表6-4　甲投资公司拟投资标的企业的资产收益率

标的企业	净利润（万元）	当期资产总额（万元）	总资产收益率（%）
A	100	2000	5
B	200	2000	10
C	200	3000	6.7
D	100	800	12.5

（二）偿债能力比率

企业在发展过程中常会通过借债等形式实现杠杆经营，杠杆经营可以为股东带来更大的利润回报率，但另一方面又隐藏着潜在的经营风险。因此，偿债能力可反映企业对债务的偿付能力，需要非常重视。企业常用的偿债能力比率有资产负债比率、流动性比率。

1. 资产负债比率　资产负债比率是指在企业的总资产中负债所占的比例。负债是企业从外部借来的资金，必须承担相应的债务成本和履行还债义务。资产负债比率能反映企业利用外部债权人提供的资金进行经营活动的能力，同时反映债权人资金使用的安全程度和经营风险水平。

资产负债比率的计算公式：

资产负债比率 =（负债总额/资产总额）×100%

从企业的角度，结合盈利能力比率指标可以发现，只要企业全部资本利润率高于借款利息率，企业通过提高负债率实现杠杆经营，企业和股东都会获得更多利润。因此，企业要根据自身经营状况和行业特点合理举债，确定合适的资产负债比率。一般行业发展前景可观，企业处于成长期且具有核心竞争力的，其资产负债比率可以偏高。在我国几千家上市公司中，没有一家公司是零负债经营的，所有上市公司的平均资产负债率水平在42%左右。如果企业的产品还没有在市场形成核心竞争力，现金流管理能力也不强，控制好资产负债比率就非常重要。

2. 流动性比率　流动性比率是企业流动资产与流动负债之间的比率。流动资产是企业在一个营业期或年度内可以变现使用的资产，流动负债是企业在一个营业期或年度将要偿还的债务。流动性比率能够反映企业偿还需要付现的流动债务的能力，通常要求企业资产要有足够的流动性。一般而言，资产流动性越大，偿债能力就越强。但企业资产流动性不宜过大，因为它往往会带来资金闲置。

流动性比率的计算公式：

流动性比率 =（流动资产/流动负债）×100%

其中，流动资产是指企业在一个较短的周期能够迅速变现或运用的资产，是企业资产中的重要组成部分，如现金、黄金、应收账款等。流动负债是指企业短期面临的需要及时偿还的债务，如短期借款、应付账款、应付利息、应付股利等。对大多数企业而言，流动比率一般不低于2，即保证流动资产至少是流动负债的两倍，这样就不用担心企业偿债风险和危机。但随着企业在市场上竞争优势的形成，在偿债风险控制和管理上，对流动比率的关注可适当降低。例如不少全球超级跨国企业IBM、可口可乐、沃尔玛、宝洁等的流动比率都明显低于2的安全水平，却不会面临偿债风险，因为这些企业具有强大的市场竞争优势，销售网络覆盖广，销售回款速度快，能够产生充足的现金流，从而按期偿还流动负债。

（三）营运能力比率

营运能力比率能够反映企业对拥有资源的利用效率，企业营运能力比率指标好，其盈利能力和偿债能力指标也会变好。常用的营运能力比率有存货周转率、应收账款周转率和市场占有率。

1. 存货周转率　存货周转率是一定时期企业销售成本与平均存货的比率，它能够反映企业存货的周转速度，以及企业商品在销售之前有多长时间是以存货形态存在的，从而对销货能力进行评估，是衡量企业销售能力和存货管理能力效率的重要指标。

存货周转率的计算公式：

存货周转率 = 销售成本/平均存货

其中，平均存货 = （期初存货 + 期末存货）/2

假设甲企业在2022年度的销售成本为2000万元，年初的库存价值为30万元，年末的存货价值为50万元，该企业的存货周转情况如何呢？

依据公式，可以计算得出甲企业的存货周转率为2000/［（30 + 50）/2］= 50次

说明甲企业的存货一年周转50次，平均存货时间为360/50 = 7.2天。这能否说明甲企业的存货周转率情况非常好、盈利能力强呢？还要结合甲企业的历史存货周转率和行业同类企业的周转率情况来进行合理评估。若企业的存货周转率较历史年份有所下降，或存货周转率比行业同类企业平均水平低，则提示该企业应健全存货内部控制，优化存货管理，加强企业各部门之间的交流合作，减少存货的资金占用，实现企业流动资金周转的顺畅。

2. 应收账款周转率　应收账款周转率是指企业一定时期赊销收入净额与平均应收账款之间的比率。应收账款周转率反映的是一定时期内企业应收账款的周转速度。该指标越高，说明企业对应收账款的管理效率越高、平均收账时间越短，企业资产流动性便越强。借助于应收账款周转率，企业可以判断和调整自己的赊销条件是否合适。

应收账款周转率计算公式：

应收账款周转率 = （赊销收入净额/应收账款平均余额）× 100%

其中，赊销收入净额 = 当期销售净收入 - 当期现销收入

销售净收入 = 销售收入 - 销售退回

应收账款平均余额 = （期初应收账款余额 + 期末应收账款余额）/2

需要注意的是，企业通常追求应收账款周转率越高越好，可以大大降低坏账损失风险，加快资产流动，也有助于提升偿债能力。但如果企业发展势头良好，销售量扩大趋势明显，则可适当

放松对应收账款周转率的要求，给予购买方相对宽松的信用政策，尽可能抓住市场机遇，提高市场占有率。

3. 市场占有率 市场占有率又称市场份额，能够反映企业在市场中的资源份额。资源包括产量、销售收入、资本量、技术、员工数量等。企业的市场占有率越高，则反映其在该产业的市场势力和竞争力更强；市场占有率下降，则反映企业在该产业的竞争力下降或出现了强有力的竞争对手。市场占有率是企业制定经营战略和竞争策略的常用指标。

市场占有率的测算，根据企业的经营战略和竞争目标不同，通常有 3 种方法。

（1）关注所处总体市场资源份额　计算公式：

某企业市场占有率 =（该企业销售收入/整个市场销售收入总额）×100%

例如，甲企业在 2022 年度的销售收入为 1000 万，整个市场中所有同类企业的销售收入总额为 1 亿，则甲企业的市场占有率为（1000/10000）×100% =10%。

（2）关注企业所处细分目标市场资源份额　计算公式：

某企业市场占有率 =（该企业销售收入/目标市场销售收入总额）×100%

例如，甲企业主要经营业务在西南市场，则西南地区是其主要针对的目标区域细分市场，2022 年度西南地区市场同类产品的销售收入总额为 5000 万，则甲企业的市场占有率为 1000/5000 ×100% =20%。

（3）关注企业与同一市场中三大竞争者之间相对资源份额　计算公式：

某企业的市场占有率 =（该企业销售收入/三大竞争企业的销售收入总额）×100%

例如，根据第一种方法计算出来的结果，甲企业的总体市场份额为 10%，其在市场上的最大三个竞争企业的市场份额分别为 8%、12%、20%，则甲企业的相对市场占有率为［10% ÷（8% +12% +20%）］100% =25%。

三、审计风险控制

企业各项业务进行的过程和结果通常采用会计记录和财务报表进行反映，如何保证会计记录和财务报表的真实性和可靠性，为企业控制和决策提供依据，就需要审计风险控制。审计风险控制包括外部审计、内部审计和管理审计。

（一）外部审计

外部审计是指企业为了避免内部审计人员受到内部管理人员的行政和权威营销，从企业外部选择会计师事务所等审计机构，对企业财务报表的真实性及其所反映的财务状况进行独立评估。外部审计人员需对企业的财务记录进行查验，并分析是否符合会计准则和记账程序。外部审计对于企业的虚假和欺骗行为可以起到很好的警示作用，促进企业诚信经营。

（二）内部审计

内部审计是由企业内部机构或专职财务人员进行的审计，除了检查企业财务报表的真实性和准确性之外，还要对企业的财务结构是否合理进行分析，对财务资源利用效率进行评估，并提出改进建议。内部审计人员需具备必要的技能，尤其在进行评估的过程中，要与被审计部门之间进行有效沟通，以免沟通不畅，引起对方的不满和抵触，进而对组织活动带来负面影响。

（三）管理审计

管理审计的对象和范围比内外部审计更广，是对组织所有管理工作进行全面了解和绩效评估。管理审计常用的方法是利用记录的信息，对企业与同行业其他企业或标杆企业进行对比，判断企业管理健康程度及其绩效。管理审计的内容通常包括分析企业的经济能力，以及企业在经济和就业方面对社会所做的贡献；分析企业组织结构是否适应企业经营范围和业务要求；分析企业研发工作是否致力于未来企业竞争力的提升；分析企业管理人员的知识结构、能力结构是否科学等。

审计控制的职能主要在于借助企业内外部的监督检查，及时发现并纠正企业发展过程中偏离真实和公允的苗头和倾向，避免问题继续蔓延，给企业经营带来风险和危机。如2020年震惊国内外资本市场的瑞幸咖啡财务造假事件就是由于内部审计控制缺位所导致的，最终不仅给该企业酿成危机，也给中国的企业和企业家的国际形象带来了很大的负面影响。

【链接】

瑞幸咖啡财务造假事件

2020年1月31日，知名做空机构浑水声称，收到了一份长达89页的匿名做空报告，直指瑞幸数据造假，指控瑞幸咖啡夸大其门店销量、商品价格、广告费用和其他产品净收入等。2月3日，瑞幸对浑水所有指控予以否认。

2020年4月2日晚间，瑞幸审计机构安永表示，在对公司2019年年度财务报告进行审计的过程中发现，公司部分管理人员在2019年第二季度至第四季度通过虚假交易虚增了公司相关期间的收入、成本及费用共计22亿元人民币，导致瑞幸咖啡盘前暴跌85%。美国多家律师事务所相继发表声明，提醒投资者，有关瑞幸咖啡的集体诉讼即将到最后提交期限。

2020年4月4日凌晨，瑞幸咖啡自曝造假22亿事件持续发酵，周五收盘，瑞幸股价再次大跌15.94%，报5.38美元。中国证监会对该公司财务造假行为表示强烈的谴责。

2020年4月7日，瑞幸咖啡宣布停牌，在完全满足纳斯达克要求的补充信息之前，交易将继续暂停。

（资料来源：雪球网．探究瑞幸咖啡财务造假问题．https：//xueqiu.com/7089150284/161127484？ivk_sa = 1024320u）

四、风险控制与信息技术

信息技术是对信息进行采集、传输、存储、加工、表达和应用的各种技术的总称。随着云计算和大数据的快速发展，信息技术在企业管理中得到越来越普遍的应用。信息技术在管理中的应用表现在企业生产过程信息化、企业营销服务信息化、企业供应链管理信息化和企业管理过程信息化等四个方面。在风险控制工作中，信息技术逐步成为现代管理控制的重要组成部分。信息技术在控制职能方面，丰富了管理控制的手段和方法，提升了企业运行偏差的识别与处理效率，提高了管理控制工作绩效。

（一）控制的信息技术方法

目前，现代信息技术已普遍应用于管理控制工作中，较为常见的几种信息技术方法包括电子数据处理系统、决策支持系统和管理信息系统。

1. 电子数据处理系统（EDPS）　组织的各职能部门和业务单元会产生大量的数据，这些数据能反映组织各子系统的运行状况。传统的管理工作，依赖各种纸质资料存储企业运行信息，很难保证信息的完整性和准确性，也很难快速对所有信息进行横向和纵向的梳理。电子数据处理系统解决了这一问题，企业可以很方便地通过电子数据整理与编辑，处理组织日常化的程序性业务，如企业原料采购、销售、库存和薪酬等。

2. 决策支持系统（DSS）　决策支持系统用于服务系统的用户，系统用户便是决策者。决策支持系统由会话系统、控制系统、运行及操作系统、数据库系统、模型库系统、规则库系统和用户组成。会话系统接收用户要解决的问题，并将其传递给问题处理系统，问题处理系统根据相关问题搜集数据信息，对综合数据库中已有数据进行判断和识别后，又通过会话系统反馈给用户进行问题确定，之后系统将基于模型库，找到解决问题的模型，推理出可行性方案，最终为用户制定决策提供帮助。决策支持系统依赖良好的人机交互，为高层管理者制定组织决策提供了良好的支撑。

3. 管理信息系统（MIS）　管理信息系统服务于组织中各层次、各部门的管理者，为了支持管理者更好地履行管理职能，该系统基于系统原理，对组织内部各种分散的信息进行搜集、运算和分析，最终形成系统的完整性组织信息，为管理者决策提供参考方案。因此，管理信息系统的有效性要求系统所采集的数据资料尽可能完整、可靠。

（二）基于信息技术的柔性作业系统

市场需求的快速变化、行业竞争环境的变化和宏观政策的不确定性，对组织的柔性化发展提出了迫切要求，而正是信息技术的快速发展使得组织柔性化发展成为可能。

柔性代表某种灵活性和弹性。柔性作业系统是指企业在生产经营过程中能够针对市场需求变化快速做出反应和调整。一个企业的柔性生产系统由若干数控设备、物料运贮装置和计算机控制系统构成，是能够根据市场需求变化，快速调整生产任务的自动化控制系统。近年来，电商平台如必要商城、拼多多和网易严选，主打 C2M、ODM 等商业模式，就是基于信息技术的广泛信用，让我国的传统制造业可以向智造业转型，满足了市场的多样化、多品类、中小批量、高品质、高性价比等需求。几十年来，柔性生产得到不断发展，常见的柔性作业系统有精益生产（LP）、企业制造资源计划（MRP）、企业供应链管理（SCM）、企业资源计划（ERP）等。

从发展趋势看，未来柔性作业系统将随着信息技术的进一步发展朝着小规模、更容易管理的方向发展，系统模块也会出现系统化、结构化的趋势，让中小企业都能有发展柔性作业的能力，在这个过程中，柔性作业系统所依赖的各管理控制软件也会出现产品化趋势，促进柔性生产方式的普及。

第三节　风险管理

组织内外部环境的变化导致实际工作中会面临各种偏差和风险，如果处理不当，或控制不当就会给组织运行带来风险，甚至发生经营危机。因此，组织在发展过程中应时刻树立风险意识，完善风险控制和危机管理，确保组织目标的实现。

一、风险识别

风险管理是组织为了降低风险和控制风险的一系列活动，要求组织对各种风险进行及时识别，针对风险前和风险后不同的时间节点，制定合理的风险前和风险发生后的组织目标，基于成本效益原则，对组织目标实现提供安全保障。因此，风险识别和评估是风险控制的首要工作。

风险是指事物发展的不确定性，当组织存在发生不利事件的可能性时，就可认为组织存在某种风险，需要关注不利事件可能发生的情况和后果。

（一）风险的类型

从不同的角度，风险可以分为多种类型。

1. 静态风险与动态风险

（1）静态风险　其关注组织内外部环境未发生变化的情况下的损失可能性，通常由自然客观不可控因素和他人的错误行为导致，如自然灾害对企业带来损失的可能性、企业因偷盗和欺诈所带来损失的可能性。

（2）动态风险　其关注组织内外部环境发生变化的情况下所带来的损失可能性。如消费者消费偏好的改变、市场竞争格局的变化、政府宏观经济政策的调整等。

静态风险对企业带来的往往是实际损失，动态风险有时候并不会给企业带来损失，从长期看，某些动态风险事故反而会对企业资源配置效率的提升发挥积极作用。

2. 纯粹风险与投机风险　纯粹风险是指只会对企业带来损失的风险事故，如交通事故、火灾、盗窃。投机风险是指可能对企业带来损失也可能带来获利的风险，如企业在资本市场上的投资、企业研发投入可能失败带来的损失，但其成功也可带来巨大利益。

3. 基本风险与特定风险　基本风险是指对市场所有主体都会产生影响的风险，组织无法预防或控制，如政治争端、经济危机等。特定风险是指与组织自身相关的风险事故，其影响范围多局限于特定组织内部，如员工流失风险、设备陈旧所带来的产品质量风险等。

组织所面临的风险多种多样，在进行风险识别时，先要确定好风险识别的内容和范围，选择合适的风险识别工具，既要识别风险事故，也要识别引发风险事故的深层因素，明确是组织出现了物质风险因素、心理风险因素、道德风险因素还是法律风险因素。

（二）风险识别的方法

组织面临的风险错综复杂，可以根据不同风险类型的特点，选用适合的风险识别方法和工具。常用的风险识别方法有现场调查法、审核表调查法、组织结构图示法和流程图法。

1. 现场调查法 现场调查法是组织风险管理者深入工作现场，选择合适的时间到各部门进行实地观察，检查各部门的工作是否按照控制标准进行，以便从中识别潜在风险。现场调查法可以掌握组织运营的实际状况，获取组织运行的第一手资料。

2. 审核表调查法 审核表调查法是组织风险管理者通过专家咨询，结合组织实际情况，设计制作审核表，在表中列出组织可能面临的风险，也可采用行业内其他成熟的通用审核表。被调查者通过对审核表中问题作答，从而了解组织的风险情况。审核表调查法是对现场调查法的一种替代。

3. 组织结构图示法 组织通过绘制组织结构图，以厘清职能部门设置、责权利配置，以及各部门和人员之间的工作关系，以便于发现组织各部门运行中可能出现的风险因素。组织结构图示法在各类企业均可使用，常见的风险因素有组织经营业务的多元化风险、企业内部权力交叉导致的效率损失、企业财务核算的流程和体系是否存在财务风险等。

4. 流程图法 组织各项活动的开展都有其作业流程，包括产品开发流程、产品生产流程、原料采购流程、产品营销流程、企业投融资流程等。组织根据流程图可以明确经营活动的内容和工作顺序，找出经营中的关键环节。对流程图各环节进行检查，分析环节之间的调查关系，组织可以发现经营流程是否存在薄弱环节、环节之间关系是否顺畅，从而判断可能存在的风险和评估损失。

二、风险评估

组织对风险进行识别之后就要对风险发生的概率和后果进行衡量和评估，以为风险控制方案的制定提供科学依据。

（一）风险评估的原则

基于风险损失资料的分析，组织需要对潜在风险进行量化分析，预测未来，风险评估需须遵循以下原则。

1. 系统性原则 组织风险评估需要有系统性思维。组织所面临的风险和影响往往是多方面的，既要考虑直接影响也要考虑间接影响，既要考虑短期影响也要考虑长期影响，同时不能忽视风险因素之间可能存在的相互作用和影响。

2. 科学性原则 风险评估要秉持科学性原则，务必保证评估的准确、客观。首先，风险评估所采用的数理模型要严格遵循数理统计的要求进行。其次，对于同类的风险因素，要采用一致的评估方法，且尽量避免过于复杂的评估，只有选择相对简洁的方法，才能保证评估工作的可操作性和评估结果的可比性。

3. 动态性原则 组织总是处于特定的内外部环境之中，而环境的不断变化也要求风险评估要基于动态视角，考虑环境变化带来的影响，对风险进行动态评估和预测。

（二）风险评估的方法

常用的风险评估方法有以下几种。

1. 估测损失概率和损失程度　在对风险进行损失概率估测时，要考虑风险单位数、风险因素和风险损失形态。常用的损失概率估测方法有二项分布、正态分布、泊松分布等。风险一旦发生，其可能带来的损失取决于具体的损失形态、损失时间、损失频率和损失金额，此时需要考虑多方面因素进行综合权衡。常用的损失金额评估也借助于概率分布统计工具进行。

2. 情景分析　情景分析是采用假设、预测对组织未来可能发生的情景进行模拟，分析各种情景下组织目标实现可能受到的影响。情景分析通常适用于变动因素较多的风险分析。风险管理者根据组织未来发展趋势，在假定某些关键因素会发生的基础上，构建多种未来情景，提出未来可能的结果和风险，并根据风险损失采取预防措施。

3. 敏感性分析　组织在发展过程中所面临的各种不确定因素都会对组织带来各种各样的影响，有些因素的变化不会对组织正常运行带来实质性影响，但也有些因素的微小变化则会对组织运行带来较大影响。因此，组织需要对可能带来较大影响的敏感性因素进行监测，分析和预测敏感性因素变化对组织活动的影响程度，及时制定风险管理措施。

三、风险控制

组织对风险进行识别评估之后，接下来的工作就是采取有效的风险控制，将风险控制在可承受范围之内。常见的风险控制方法有风险规避、风险分担、降低损失和风险保留。

（一）风险规避

风险规避是指组织面临风险发生的概率或损失较大时，采取中止、调整或放弃等手段，以避免风险的发生。如2016年三星手机爆炸事件发生以后，三星集团马上召回已销售的同系列产品，防止产品质量问题再次发生，进而影响企业品牌竞争力。组织常用的风险规避方法有以下几种。

1. 完全拒绝承担风险　当组织评估的风险发生概率很大，所带来的损失严重，则往往直接拒绝该风险。如企业更换原材料供应商，由于信息不对称，可能带来原材料质量和原料供应稳定性的影响，进而影响企业的产品质量和市场竞争力，为此企业通常不轻易更换原材料供应商。

2. 试探承担部分风险　高风险通常伴随着高收益，组织对于某些可能带来高收益的潜在风险可采取试探性的态度，将经营活动分步骤实施，在实施过程中始终保持警惕性和灵活性。当分步骤实施发现风险可控、概率较低时，组织再推进下一步工作。如企业在发展过程中，为了提高市场份额和巩固市场地位，通常会致力于规模扩张，提高产量，但市场需求结构的变化，使得组织不会轻易扩大投资规模，而是制定分步骤投资策略，稳步推进，控制风险。

3. 中途放弃承担风险　组织在经营活动过程中，当内外部环境的变化使得某些经营目标难以实现或所出现的风险事故后续会带来更加严重影响时，会选择中止相关经营活动。如在选择销售渠道商的过程中，某些渠道商的行为会对产品定位和形象带来影响，此时组织有权选择与该渠道商中止销售合同。

（二）风险分担

风险分担是指当组织事先通过一些保险或非保险的正当手段和制度安排，对未来可能遭受的风险损失部分或全部转移给其他风险单位。

1. 保险型风险分担　在现实经济中，保险公司针对企业风险设立企业保险基金，当投保企业发生相应风险时，保险公司便利用保险基金对企业损失进行补偿，所以保险成为企业常用的一种风险分担方式。企业通常会对财产损失、员工失业或工伤等风险事故，以提前投保的方式，将未来可能面临的损失转移给保险公司。

2. 非保险型风险分担　企业不可能通过投保的方式转移所有可能的风险，会通过其他一些非保险型的风险分担机制将风险转移给其他风险单位。企业常用的非保险型分担方式有外包、租赁、委托管理、出售等。

（1）外包　企业通常将自身所不擅长的非核心业务和技术环节外包给其他企业。

（2）租赁　企业生产经营都会有固定资产投入，但若固定资产比重太高，企业设施设备陈旧和经营失败的沉淀成本可能很高，为了规避这一风险，企业通常会将厂房、设备等固定成本通过租赁的方式转变为可变成本。

（3）委托管理　为了降低财产损失风险，企业有时会将一些价值比较大的财产委托其他企业进行管理，与此同时财产损失风险也转移给受托企业。

（4）出售　企业对经营不善或市场占有率低、利润率低的业务，采用出售的方式进行剥离，回笼资金，优化企业资源配置，以提升企业的核心竞争力。

（三）降低损失

企业为了降低经营风险，可通过一些战略和组织安排将可能遭受的大风险转化为小风险，将大损失转变为小损失。

1. 风险分散　市场需求结构的变化和行业周期性的波动，使得企业很难在某一业务领域始终保持高竞争力和持续盈利。因此，当企业拥有一定的资金实力后，便会通过多元化战略将经营风险分散到几个不同的业务领域，降低某一业务下滑对企业经营目标带来的影响。但是企业多元化战略不宜过度分散，这样会导致业务分散和资金紧张，带来管理问题和财务风险。

2. 复制风险单位　复制风险单位是指组织提前备份资源，当组织原有资源出现风险时，便可以启用备份资源代替原有资源的功能。这种方式不会避免原有风险，但可以减少风险事故的损失程度。如组织对各种信息资源进行计算机备份和隔离存放；准备备用机器设备，当运行中的设备出现故障时，可以迅速补充，保证生产顺利进行。这种方式会对组织的资金和支出带来一定的压力。

（四）风险保留

风险保留是指组织针对已经发生的风险和损失动用内部资金，对所造成的损失进行弥补。组织的风险保留有些是出于主动行为，有些是出于被动行为。当一些风险能有效识别并评估后，其损失程度在组织可承受范围内时，组织会主动对相关损失进行承担。而当一些组织没有事先识别到的意外风险发生，或组织虽然识别了该风险但风险损失超过评估范围时，组织不得不被动承担相应风险损失。

　　总之，组织面临的各种风险错综复杂，在进行风险控制时，应根据具体业务特点和工作流程选择适宜的风险控制措施。

【课后训练】

1. 企业为什么要进行管理控制，控制的目标是什么？

2. 控制过程有哪些环节？每个环节需要注意什么？

3. 预算控制、财务控制和审计控制有何区别？3 种控制方法是否需要结合起来使用？

4. 结合瑞幸咖啡的财务造假事件和瑞幸咖啡的发展现状，从控制的角度谈谈你的体会。

5. 简述风险的内涵及其基本分类。

6. 企业进行风险控制时可以采用哪些策略？

第七章
医药产业管理实践

名人名言

我们应该记住，医药用于治病救人。我们永远不应该忘记制药是为人而不是为了利润，但利润会随之而来。如果我们记住这一点，利润从来不会消失。记得越清楚，利润就来得越多。我们不能站到一旁去说我们发明了一种新药就已经大功告成了，在我们找到一条有效途径，把我们的最佳成果带给每一个人之前，我们绝不能停下来。

——默沙东创始人乔治·W·默克

【学习目标】

1. 掌握医药产业管理的实践要点。
2. 熟悉医药产业的规制构成。
3. 了解全球医药市场的结构特征。

【案例导入】

中国医药创新呼唤联合舰队

医药创新，最终是为了守护人民的生命与健康。在中国，医药行业自古就有悬壶济世的理想。随着我国经济发展水平不断提高，人民群众对健康的需求日益迫切。国家从2015年开始，大力推动健康中国行动。这对医药行业提出了更高要求。为了实现健康中国目标，必须加大研发力度，改变过去90%的临床诊疗指南、90%的原创药和90%的高端医疗设备依赖国外的状况。而这需要中国医药企业与大学、科研机构，以及产业链上的伙伴共同合作，积极开展联合创新。

2023年2月17日，北京大学－云南白药国际医学研究中心正式启动。北大和云南白药的合作，是典型的优势互补。北大在基础医学、肿瘤学、口腔医学、药学等领域拥有雄厚的学科实力，而云南白药地处我国植物王国——云南省，背靠丰富的药用植物资源，在药物转化方面有很大优势。双方将通过交叉融合、创新发展，充分发挥各自优势，在医药创新领域展开深入合作。

研究中心筹办以来，对标世界优秀的医药研究中心，以先进的设施、设备，以及良好的学术氛围，汇集了包括多位院士在内的一批高层次人才，并取得了一连串科研成果。除了人才和成果产出，该中心更大的意义还在于，它是中国医药领域一次机制体制上的创新。产业链和创新链割裂，一直是制约我国医药创新的通病，大学、科研院所的科研成果难以转化为产品，药企有市场但缺乏好的科研成果。这个由一流高校和一流药企强强联合共同打造的高端平台，融合打通了人才链、科技链、产业链、市场链、健康服务链，也贯彻了创新驱动、开放共享的新发展理念。

（资料来源：百度百家号"华商韬略". https：//baijiahao. baidu. com/s？ id = 1758408821811392705&wfr = spider&for = pc）

第一节　医药产业的发展特征

人类长期利用动物、植物、矿物等自然药物对抗疾病的历史在 20 世纪 30 年代发生了转变，以磺胺和青霉素为代表的采用科学方法研发并进行规模化生产的现代药物出现。此后，从 20 世纪 70 年代开始，新化学合成药、生化药、生物工程及基因工程药物不断问世。现在，医药产业已经成为继信息产业之后又一个保持持续快速发展态势、令全世界瞩目的高成长性产业。医药产业不仅被美国、欧洲、日本等发达国家和地区高度重视，也成为包括中国在内的发展中国家重点发展的战略领域。国务院《关于加快培育和发展战略性新兴产业的决定》（国发〔2010〕32 号）提出重点培育和发展包括生物医药产业在内的七大产业，到 2030 年，使这些产业的整体创新能力和产业发展水平达到世界先进水平，成为经济社会可持续发展的强有力支撑。

一般认为，医药产业是指直接从事研究、开发、制造和销售人用药品的各种企业和组织的集合，主要涉及药品生产行业，并未包含药品原材料提供、药品流通、制药器械制造等上下游行业，以及医疗机构、政府的药品监管部门、医药人才培养机构等。

一、全球医药市场的结构性特征

多年来，全球医药市场一直保持持续增长态势（图 7 - 1），同时具有明显的结构性特征，主要表现在以下几方面。

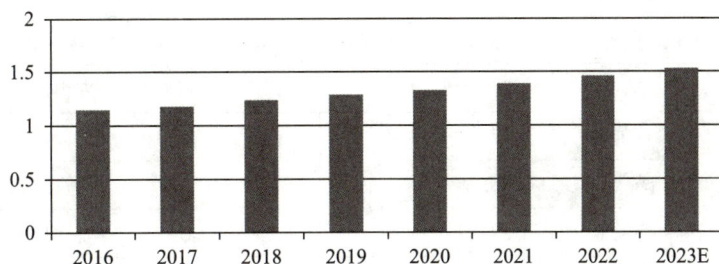

图 7 - 1　2016 ～ 2023 全球药品销售额（单位：万亿美元）

（资料来源：IMSHealth、中商产业研究院整理）

（一）少数大型药企在市场中占支配地位

目前，医药市场销售额全球排名靠前的企业均是跨国公司和大型制药企业，它们主要分布在美国、欧洲和日本等发达国家和地区。这些大型医药企业主要从事处方药研发和销售，在医药市场上拥有巨大的市场份额，且市场地位较为稳固（图7-2）。

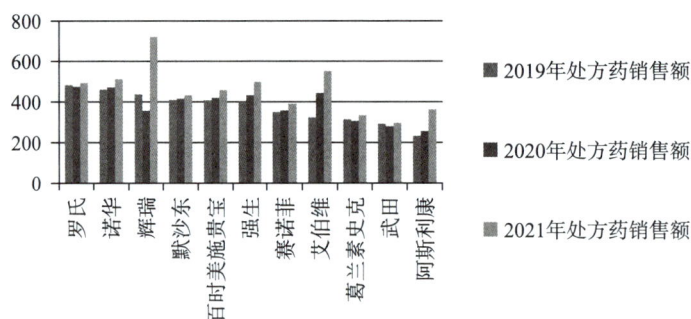

图7-2　全球处方药销售额居前列的制药企业（单位：亿美元）

（资料来源：美国《制药经理人》杂志）

（二）少数治疗类药品占据显著市场份额

在世界药品市场上，少数治疗类药品拥有巨大的市场份额，如全球各大制药企业总销售额中少数畅销药品的销售额占比很高（表7-1）。此外，还会出现一两个关键药品占据一类市场统治地位的情况。例如，1998年辉瑞制药治疗男性性功能障碍的口服新药万艾可被正式批准上市，此后的4年中，万艾可一直占据该类别的全部市场份额，直到2003年拜耳公司的艾力达和礼来公司的西力士先后通过新药申请，市场份额才被三者分割。

表7-1　2021年全球大型制药企业畅销药物销售额（单位：亿美元）

公司	2021年公司处方药销售额	公司最畅销药品	2021年药品销售额	公司	2021年公司处方药销售额	公司最畅销药品	2021年药品销售额
辉瑞	720.43	复必泰	368.53	默克	389.34	可瑞达	171.86
		沛儿	55.87			佳达修	56.72
		爱博新	54.77			捷诺维	33.23
艾伯维	550.41	修美乐	206.94	赛诺菲	389.34	达必妥	62.14
		亿珂	43.21			剂量流感疫苗	31.11
		Skyrizi	29.39			来得时	29.53
诺华	511.28	可善挺	47.18	阿斯利康	361.31	泰瑞沙	50.15
		诺欣妥	35.48			新冠疫苗	39.17
		捷灵亚	27.87			安达唐	30
强生	498.21	喜达诺	91.34	葛兰素史克	334.43	绥美凯	25.9
		兆珂	60.23			重组带状疱疹	23.69
		类克	31.9			特威凯	19.01

续表

公司	2021 年公司处方药销售额	公司最畅销药品	2021 年药品销售额	公司	2021 年公司处方药销售额	公司最畅销药品	2021 年药品销售额
罗氏	492.93	奥瑞	55.32	武田	296.05	安吉优	48.65
		帕捷特	43.28			赖石笨丙胺	27.46
		雅美罗	38.98			免疫球蛋白注射剂	26.8
百时美施贵宝	456.69	雷利米得	128.21	吉利德	270.05	必妥维	86.24
		艾乐妥	107.62			瑞德西韦	55.65
		欧狄沃	75.58			捷扶康	28.79

（资料来源：美国《制药经理人》杂志）

（三）生物药和传统药成为医药产业新的增长点

1. 生物药快速增长　根据所依赖的生产技术和知识体系的不同，医药产业可以分为化学制药产业、生物制药产业和传统医药产业。虽然目前化学制药产业仍是医药产业的最大分支，但随着基因工程等现代生物技术不断取得突破，推动了生物制药产业的崛起，生物药已广泛应用于治疗癌症、糖尿病、血友病、罕见遗传疾病等。随着医药产业研发投入的不断增多和药品审批过程的延长，大量医药产品专利到期等经营压力逐渐凸显，生物药因其新药产出前景广阔而成为越来越多医药企业的首要战略方向。

2. 传统药认同感提升　在现代医药产业兴起后的很长一段时间里，传统药由于成分不明确、质量难控制、作用机理模糊等原因丧失了药品市场的主流地位。然而随着人们生活水平的持续提高及人口老龄化进程的加快，人们更加注重疾病预防和身体保健，同时也意识到现代药物存在一定的毒副作用及用药安全问题，使得人们对传统药的认同感不断上升，如近年来中国的中药产业规模就保持了持续增长的态势。

【拓展阅读】

中药全产业链呈稳步增长趋势

全国中医药行业蓝皮书——《中医药行业发展蓝皮书（2022 年)》（以下简称《蓝皮书》）指出，中药产业从中药材种植到中药饮片、中药配方颗粒产销以及中药创新药研发等方面呈现全面稳步增长态势。

在中药产业方面，《蓝皮书》显示，在中药材种植和加工环节，目前我国的中药材种植面积和产量均居世界首位；有 50 余种濒危野生中药材实现了种植养殖或替代，常用 600 种中药材中的 200 余种实现了规模化种养；国内中药材产量保持平稳增长趋势，2021 年全国中药材产量约为487.50 万吨；国内中药材市场成交额由 2016 年的 1228.99 亿元增长至 2020 年的 1664.83 亿元；2022 年前三季度，我国出口中药材及饮片 18.65 万吨，出口额为 10.36 亿美元，同比增长 7.87%。

在中药工业领域，2021 年，中药工业总营收达到 6919 亿元，同比增长 12.39%；利润总额达 1004.5 亿元，同比增长 37.02%，其中，中成药利润额同比增长 23.28%，中药饮片全年营收达到 2057 亿元，利润额同比增长 106.89%。数据还显示，我国中药配方颗粒市场规模从 2016 年的 356.92 亿元增至 2021 年的 612.14 亿元。

《蓝皮书》指出，近年来，中药新药研发有较大进展，2021 年我国中药新药获批数量达 12 个，超过过去 4 年的总和。

（资料来源：腾讯网 https：//new.qq.com/rain/a/20230323A018UC00）

（四）发达国家以外的新兴市场快速增长

近年来，尽管发达国家依然是主要的医药市场，但来自新兴国家和地区的市场贡献迅速增加。根据 IQVIA 2019 年展望报告，预计到 2023 年，全球医药市场规模将达到 1.5 万亿美元，年复合增长率为 3%~6%，其中发达成熟的欧洲前五大市场的增速将降至 1%~4%，日本总体增速预期为 0%~3%。2018 年整个新兴医药市场规模达到 2860 亿美元，其中 2014~2018 年，5 年复合增长率达到了 9.3%，超过美国的 7.2% 及全球均值的 6.3%。预计到 2023 年，新兴市场整体规模将达到 3550 亿~3850 亿美元，年复合增长率为 5%~8%，超过全球平均增速。

以中东与北非地区、撒哈拉以南非洲国家、拉丁美洲地区以及俄罗斯为代表的新兴市场呈现出较快增长势头，并已受到全球制药企业的广泛关注。随着中国经济的快速发展，居民生活水平不断提高，叠加国内医疗体制改革、人口老龄化等因素的影响，中国医药市场高速发展。根据咨询公司 Frost & Sullivan 发布的数据，中国医药市场规模 2016~2021 年年均复合增长率为 5.4%。预期 2021~2025 年中国生物医药市场收入年均复合增长率为 7.2%，医药市场收入将于 2025 年达到 22.87 千亿人民币。

（五）仿制药市场空间持续打开

"专利悬崖"是指由于排他性的新药专利到期，制药企业面临仿制药激烈竞争的情况下无法继续依靠专利保护获得高销售额和高利润的现象。第一个"专利悬崖"高峰出现在 2012 年，其后进入一段专利到期密集期。据不完全统计，仅 2013~2017 年，全球有近 100 个畅销药品专利到期，绝大部分面临着仿制药的竞争。例如，辉瑞公司旗下的头号畅销药品立普妥，自 1997 年上市后销售额累积超过 1000 亿美元，但 2011 年 11 月专利到期后，辉瑞 2011 年第四季度的财务报告显示其利润下降了 50%，2012 年第二季度立普妥的销售额仅为 12 亿美元。

"专利悬崖"为仿制药开拓了市场空间。中国的国家药品监督管理局药品审评中心 2018 年分两批发布了共 16 个品种的专利权到期、终止、无效且尚无仿制申请的药品清单，引导国内仿制药研发生产，提高公众用药的可及性。

据 Evaluate Pharma 统计，2021~2026 年有近 2520 亿美元销售额的原研药品专利到期，仿制药引入的市场冲击预计将造成原研药企约 1250 亿美元销售额的流失。

二、医药产业的规制构成

医药产业与人类的生存和健康密切相关，是最具持续性的朝阳产业之一，同时也是一个受道德、伦理约束的产业。各国政府普遍对医药产业进行规制，以使其发展不会背离社会利益。

20 世纪中期以前，药品安全性问题时有发生。1937 年发生在美国的"磺胺酏剂"事件促使美国国会通过了《食品、药品和化妆品法》（Food，Drug and Cosmetic Act，FDCA）。经过多年发展，美国建立了有效的药品注册监管体系，以保证上市药品的安全性、有效性和质量可控性。

【拓展阅读】

美国"磺胺酏剂"事件

1937 年，美国一家公司的主任药师瓦特金斯为使小儿服用方便，用二甘醇代替酒精做溶媒，配制色、香、味俱全的口服液制剂，称为磺胺酏剂。当时的美国法律许可新药未经临床试验便可进入市场。因此磺胺酏剂未进行动物实验就被投入市场，用于治疗感染性疾病。到这一年的 9 ~ 10 月间，美国南方一些地方发现患肾功能衰竭的人大量增加，并死亡 107 人（其中大多数为儿童），成为 20 世纪影响最大的药害事件之一。

［资料来源：蔡晧东.1937 年磺胺酏剂（含二甘醇）事件及其重演.药物不良反应杂志，2006，8（3）：217 - 220.］

欧洲和日本同样十分重视药品监管。欧洲药品管理局（european medicines agency，EMA）是欧洲药品监管网络的核心，50 多个国家的药品主管部门通过 EMA 实现相互交流，共同营造支持创新和开发新药、好药的监管环境。日本药品监管机构 PMDA（pharmaceuticals and medical devices agency，PMDA）的职能涉及审评、上市后安全对策和健康损害救济三部分，形成了全过程风险管理体系。

中国药品监管体系部分借鉴了美国等国家在药品监管方面的经验，出台了《药品管理法》《药品管理法实施条例》《药品注册管理办法》等法律法规，在药品审评审批、药品质量控制等方面制定了严格、规范和不断完善的规定。

各国的规制内容包括社会性规制和经济性规制两方面。

（一）社会性规制

社会性规制是以保障劳动者和消费者的安全、健康、卫生、环境保护、防止灾害为目的，对产品和服务的质量以及随之而产生的各种活动制定一定标准，并禁止、限制特定行为的规制。

1. 美国的药品社会性规制 美国是世界上最早对药品实施政府干预的国家。美国食品药品监督管理局（food and drug administration，FDA）久负盛名。FDA 制定了药品标准体系，建立了对药物处在不同阶段所对应实施的质量管理规范 GLP、GCP、GMP，建立了药品不良反应监测和报告制度，并在药品信息的表达、发布、传播等方面予以规制。

（1）**药品标准体系** 该体系是国家对药品质量规格和检验方法的技术规范，由反映药品特征的技术参数和技术指标组成，是药品生产、经营、使用、检测和监督管理的法定依据，是药品进入市场的门槛，为制药企业设置了技术性壁垒，对药品生产、销售、使用单位以及药品检验单位提供了药品质量的法定依据。

（2）**药物非临床研究质量管理规范（GLP）** GLP 是关于药物非临床研究实验设计、操作、记录、报告、监督等一系列行为和实验室条件的规范，目的在于通过对药品研究的设备设施、研究条件、人员资格与职责、操作过程等的严格要求，保证药品安全性评价数据的真实性和可靠性。

（3）药物临床试验管理规范（GCP）　GCP是在针对人体试验的情况下对药品安全性、有效性的质量规制，目的在于保证药品临床试验过程规范，结果科学可靠，保护受试者的权益并保障其安全。

（4）药品生产质量管理规范（GMP）　GMP是对药品生产过程中涉及生产、仓储、运输等环节的质量规制，目的是实现对药品生产全过程的质量管理与控制，保证药品质量。

（5）药品不良反应监测和报告制度　该制度是对已上市销售的药品进行质量监测和检查的一种重要规制。药品不良反应不但可以表现为药物在有效治疗过程中伴随发生的相关副作用或副反应，也包括药物在生产、流通、使用过程中仓储、运输、保管、包装、掺有杂质，或使用溶剂、附加剂等各种因素所导致的不良反应。FDA的不良反应监测包括不良反应报告收集和不良反应信息的利用。不良反应报告收集主要依靠两大报告体系，即企业强制报告系统和医疗观察自愿报告系统。药品生产者、分销者、包装者必须定期向FDA报告药品不良反应，目前大约90%的报告来自企业强制性报告。医疗观察项目为自愿报告系统，接受来自医疗卫生领域的专家和消费者的自愿报告。

（6）药品信息规制　FDA关于药品信息的规制主要体现在药品标签和说明书管理制度、药品广告管理制度、药品相关信息披露制度等方面。这些规制不仅要禁止、限制厂商发布虚假药品信息，而且要提供和创造更多的有效信息，加强信息传播，有效改善药品交易主体间的信息不对称问题。

2. 中国的药品社会性规制

（1）药品标准　根据2019年新修订的《药品管理法》等相关法律法规的规定，中国药品标准包括国务院药品监督管理部门颁布的《中华人民共和国药典》和药品标准（即国家药品标准）、经国务院药品监督管理部门核准的药品质量标准（即药品注册标准），以及省级药品监督管理部门制定的地方药品标准。

（2）药品生产质量管理规范　中国现行的《药品生产质量管理规范》由卫生部于2019年修订并发布施行。该版本与1998年版本相比，不仅从管理和技术要求上有很大进步，而且特别对无菌制剂和原料药的生产提出了很高的要求。

（3）药品非临床研究质量管理规范　为适应中国药物非临床安全性评价研究能力的不断提升和评价数量的快速增长，以及药物非临床研究领域新概念的产生和新技术的应用，国家食品药品监督管理总局于2017年对2003年版的《药品非临床研究质量管理规范》进行了修订并发布施行。

（4）药品临床试验管理规范　目前国际通行的GCP是ICH - GCP。中国于2017年加入ICH（人用药品注册技术国际协调会议），成为全球第8个监管机构成员，这对中国的临床试验监管提出了更高的要求。2020年最新修订的《药品临床试验管理规范》参照ICH - GCP制定，使试验各方责任明确，要求更高，可操作性更强。同时在受试者保护、试验数据电子化和规范审查等方面也作出了进一步规定。

（5）**药品信息规制** 我国的药品信息披露制度主要体现在药品说明书、标签管理、药品外包装和内包装的标识物管理、药品广告管理等领域，在充分披露药品信息、警示药品的危险、药品上市后企业的监测和信息披露义务、不得发布误导和虚假信息等方面做了具体规定。

（二）经济性规制

经济性规制主要是为了防止发生资源配置低效率和确保利用者的公平利用，通过许可、认可等手段，对企业进入和退出、价格、服务的数量和质量、投资、财会等行为加以规制。

药品经济性规制可以从进入规制和价格规制两方面加以认识。

1. 进入规制

（1）**美国的药品进入规制** 美国的药品进入规制主要是针对产品进入市场的限制，由新药申请和审批制度、仿制药品申请和审批制度、市场专营保护制度等构成。

①新药申请和审批：这是美国药品市场上最重要的进入限制措施。美国新药上市必须经过临床前研究、人类临床研究、新药申请和审批三个环节。美国新药申请和审批制度发挥的进入壁垒作用主要体现在研发成本壁垒、技术壁垒、审批周期壁垒。

②仿制药品申请和审批：1984 年美国的《药品价格竞争和专利期修正案》为仿制药品进入美国市场提供了法律依据。该法案在使仿制药审批程序较新药审批程序大大简化的同时，允许被仿制药品专利期获得 5 年延长，并酌情由 FDA 授予额外的市场专营保护期，以补偿被仿制药品在研发和审批过程中耽搁的时间。

③市场专营保护制度：这是授予专利药品的市场独占权，是规制机构为创新药品所设置的绝对性进入壁垒，也是 FDA 为新药特设的一种市场垄断的制度安排，以鼓励新药研制。市场专营保护制度不同于专利保护制度。专利保护制度禁止非专利持有者未经许可进行制造、使用或销售专利发明，而市场专营保护制度赋予新药市场独占权。仿制药品申请在相关专利保护期和市场专营保护期过后才会获批。专利制度和市场专营保护制度以产权和行政方式共同构成创新药的市场保护制度。

（2）**中国的药品进入规制** 中国实行企业和药品的双重进入规制，不仅对潜在进入市场的企业实施规制，也对上市销售的药品进行进入限制。对企业进入市场的规制内容有药品生产企业许可证制度、药品生产质量管理规范认证制度（GMP），对产品实施进入规制的是药品注册管理制度，此外，还有新药的监测期保护制度。

①药品生产企业许可制度：中国《药品管理法》对药品生产企业提出了人员、设施设备、质量管理和检验条件、质量保障制度等基本条件。许可证制度要求企业必须达到相关法律法规规定的基本条件才能进入市场获得生产许可。

②药品生产质量管理规范认证制度（GMP）：中国在《药品管理法实施条例》中确认了 GMP 认证制度是药品生产企业进入规制的重要组成部分。GMP 认证制度包含了更为详细和严格的硬件设施及软件管理的相关要求。

③药品注册管理制度：中国药品注册管理制度是对药品上市许可的政策性进入壁垒，通过药

品批准文号制度予以实施。不同于美国 FDA 重点规制新药申请，中国药品注册管理主要以仿制药申请为对象。

④新药的监测期保护制度：不同于美国的药品市场专营保护制度，中国对已批准生产的新药设立监测期保护制度，即从新药生产之日起 5 年的监测期内，不再受理其他申请人进行该药物的临床试验，这实质上构成了中国的药品市场专营保护制度。

2. 价格规制

（1）国外的药品价格规制

①英国：英国是世界上最早实行全民免费医疗的国家，采用的是福利型医疗保险模式，也称全民医疗保险模式，由国家直接主办并强制参加，医疗保险资金主要来自税收。在英国，仿制药品和非处方药 OTC 药品通过市场竞争形成价格，而原研制处方药的价格则通过控制企业利润率的方式加以限制。

②德国：德国采用的是统筹型医疗保险模式，是由国家立法、政府强制性向劳动者个人和雇主统一筹集医疗保险基金，并由社会提供必要医疗服务的一种医疗保险模式。为了有效使用和配置医疗保险基金，对报销目录内的仿制药品、超过专利保护期的药品、市场竞争激烈的药品、用量大的药品等，德国创立了药品参考定价制度，对制药企业药品定价进行干预。药品参考价格是药品报销的价格标准，超出参考价格的部分由患者自付，因此医生必须取得患者同意才能使用价格较贵的药品。这样生产企业在药品定价时必须考虑药品参考价格，定价太高会在销售中失去竞争优势。为了激励创新药品研发，专利创新药品不受参考定价制度约束。

③法国：法国的医疗保险由基本医疗保险、补充医疗保险、商业性医疗保险三部分构成，其中基本医疗保险基金来自国家税收，承担患者医疗费用的 2/3。法国对列入国家医疗保险报销目录的药品全部实行政府定价，95% 的处方药都在政府定价范围内，目录之外的药品由制药商自主定价。

（2）我国的药品价格规制　2015 年 5 月，国家发展改革委等七部委联合下发的《关于印发推进药品价格改革意见的通知》指出，自 2015 年 6 月 1 日起，除麻醉药品和第一类精神药品仍暂时实行最高出厂价和最高零售价管理外，其他药品的政府定价均予以取消，这意味着施行了近 20 年的"药品政府定价制度"正式终结。

此前中国对药品实行三种定价形式，即政府定价、政府指导价（最高限价）和市场调节价。虽然取消了大部分药品的政府定价，但公立医院药品集中招标机制仍然存在，公立医院仍需按照招标价格采购药品，而不能与企业直接谈判药价。

2019 年启动的国家组织药品集中采购从"4+7"城市试点迅速拓展到全国 25 个省市，这是对既往药品集中采购制度的重大改革。在此之前，中国药品招标采购往往只是确定中标价格，并不能保证采购数量，导致"招而不采""带金销售"等现象长期出现，药品价格虚高现象普遍存在。国家组织药品集中采购明确了每个品种的采购量，给药品生产企业明确的预期，使其根据采购量自主报价投标。企业可以通过带量采购的市场化竞价，以量换价，降低采购药品的价格，提高产品的市场占有率。

三、医药产业的技术创新特征

创新药物的研究与开发集中反映了生命科学和生物技术领域的前沿成就，但医药技术创新不同于医药基础研究，现代医药产业是高技术、高投入、高风险、高回报的技术和知识密集型产业，并且其创新能力的全球分布非常不均衡。

从新药上市数量的地区分布看，美国、欧盟、日本、韩国是全球市场的主力军，尤其美国具有绝对优势。中国虽然也占有少量份额，但与第二梯队的欧盟、日本、韩国还有较大差距（图7-3）。

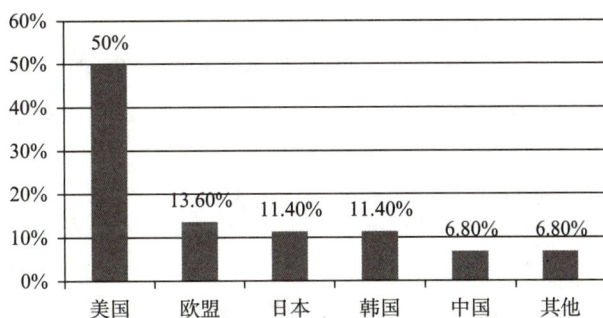

图7-3　全球新药上市数量地区分布——以 2016 年为例

[资料来源：武霞，邵蓉．创新药风险投资现状与分析．中国医药工业杂志，2020，51（8）：1070-1079.]

医药产业创新能力不均衡的原因主要有以下四个方面。

1. 医药产业创新活动是综合的复杂系统工程　药物创新需要依赖化学、分子生物学、物理化学、微生物学、生理学、病毒学、遗传学、物理学等多个学科领域的技术和知识积累。同时，由于药品关系到人类的延续与社会的和谐，行政管理、医疗保障、社会伦理、环境保护等多种社会力量也会介入医药创新活动，使得一个国家医药产业的整体创新水平与国家的科学技术水平和社会管理水平相适应。

2. 医药产业创新活动需要高投入并且具有高风险　新药诞生需要经过确定靶标、建立模型、广泛筛选、构效评价、药理测试、毒理测试、动物实验、稳定性试验、临床Ⅰ～Ⅲ期试验、新药申请、注册上市等一系列环节，每一个环节都需要投入大量资金。医药企业的平均研发投入是其他企业平均研发投入的 5 倍以上，并且在新药研发过程的各个阶段都存在化合物被淘汰或项目失败的风险。即使药物最终通过新药申请顺利上市，也只有约30%的新药销售收益能够弥补或者超过研发成本。

高投入和高风险特点使得医药创新活动需要较大的产业规模作为支撑，因此发达国家凭借其领先的医药产业规模愈加能够获得创新优势。

3. 医药产业创新活动建立在有关疾病机理的基础性研究之上　创新药物研发成功通常源于对其治疗领域中相关疾病机理的进一步认识。针对发病机理的基础性研究制约着医药产业创新活动的有效开展，在医药产业创新活动最活跃的美国，政府向国立卫生研究院 NIH 投入了大量资金，以支持其从事各种促进医学进步的基础研究，使美国在疾病机理的基础性研究方面明显领先于其他国家和地区。

4. 发达国家的医药产业占据了价值链的高价值环节　医药产业与电子信息产业一样，遵循微笑曲线特征，即上游的药物发现、临床试验、临床前试验与下游的药品销售等环节附加值较高，而中游的药品大规模制造环节利润空间最小。在医药产业的国际化分工中，发达国家和大型制药企业把持着利润最丰厚的创新药品研发和销售环节，而发展中国家和众多中小型制药企业处于产业价值链微笑曲线的底端。

【链接】

"微笑曲线"

宏碁集团创办人施振荣于 1992 年提出"微笑曲线"（smiling curve）理论，认为在产业链中，附加值更多地体现在两端——设计和销售，处于中间环节的制造附加值最低。

第二节　医药产业的管理要点

结合医药产业发展特征，寻找中国医药企业改善管理效能的着力点，促进中国医药企业提升竞争力，推动中国医药产业健康快速发展。

一、重视研发战略的选择

医药产业是知识密集型产业，医药企业的核心竞争力与药品研发能力和研发成果紧密相关。但是由于药品研发过程复杂、临床试验成本高昂、研发失败率较高、药品注册程序漫长且严格等原因，必须选择适当的研发战略。

1. 仿制战略不利于创新　发达国家的大型医药企业致力于研发创新药物，占据高端药品市场，获得巨额利润，而中国大多数医药企业长期以仿制国外已过专利保护期的药物为主要研发战略。这样的做法虽然可以节省大量研发成本，并有效控制研发风险，但也使得企业创新能力无法实质性提升。当利润在激烈竞争中不断下滑时，企业将更加无力开展自主创新，这严重制约了中国医药企业的发展壮大。

2. 适当采用研发外包模式　在开展创新药物研发时，即使是实力雄厚的国外大型医药企业，也会担心在原研药上的投资回报率无法得到保证。为了加快新药上市步伐，企业也开始将部分研发工作转移给外部研发企业。20 世纪 80 年代出现的 CRO（合同研究组织）和 CRA（合同注册组织）就是以合同为纽带，通过外包形式为药企提供研究开发和药品注册服务，这不仅降低了药企的研发风险，也通过分工提高了效率。中国在临床试验上较大的成本优势为国内药品研发外包行业发展提供了有利条件，如药明康德这样的国内药品研发外包企业正在承担越来越多的国际研发外包业务。

3. 积极开展科研合作　除了借助研发外包方式，中国医药企业还通过与大学和科研院所进行合作开发，并通过企业间联合研发等方式实现技术资源共享，加快技术创新速度，分散技术创新风险。

二、重视产业结构的影响

药品从原材料转化为成药并传递到患者手中需要经过药物的发现、临床前和临床试验、药品制造、药品销售等价值环节，每个环节都有许多不同的参与者，如跨国公司和大型制药企业、中小型制药企业、独立研发企业、研发机构、各种外包服务企业等。虽然参与者涉及的环节不同，但它们之间并非孤立，而是进行着与药品研发、制造和销售有关的信息、物质和资金的交换，通过技术转移、联盟或者外包等各种活动实现价值的增值。在这种互动过程中，医药产业形成了自身独特的产业机构。一个医药企业需根据自身企业特征，找准在产业结构中的定位。

1. 跨国公司和大型制药企业　它们在整个产业中占据主导地位，一般更专注于利润相对较高的国际专利药市场，并且拥有至少一种全球畅销药品。这些龙头企业一方面投入巨资进行研发，另一方面通过国际化市场运作进行全球营销和全球资源整合，其在产业结构中的地位十分稳固。

2. 中小型制药企业　中小型制药企业的活动主要集中在药物制造和药物销售两个后端环节，利润来源主要是国内和地区性营销以及低成本制造，与全球畅销的专利处方药销售额差距较大，常存在生存危机。

3. 独立研发企业　独立研发企业致力于药物发现和临床前/临床试验环节，通过转让专利成果而获取利润。此类企业大都由科学家创建并注重资本运作，与其他医药产业参与主体间的关系呈现分化特征。有的与跨国公司和大型制药企业合资，有的凭借并购和广泛的研发与市场联盟快速发展，有的从研发罕用药开始逐步实现产品多元化和企业纵向一体化。

4. 研发机构　研发机构主要包括科研院所、大学及各种研究型医院。它们专注于药物研发环节，但更偏重针对疾病机理的基础研究，研发资金多来源于国家财政支持。这些研发机构是医药产业及其他参与者不可或缺的合作伙伴，他们身份独立、地位稳固。

5. 研发外包组织　包括 CRO 在内的各种专业外包组织已经成为医药产业的重要参与主体，它们与跨国公司和大型制药企业、独立研发机构、中小型制药企业形成广泛的合同关系，承担着研发、制造、销售等不同的专业活动。这些外包组织的最重要特征是专业化，其活动通常专注于某个价值环节，其发展受制于合同委托方的市场需求，在产业结构中处于从属地位。

三、重视产业布局的影响

产业布局是指产业在一定地域范围内的空间分布和组合的经济现象。医药领域的各种资源、生产要素、生产能力以及医药企业组织在地域空间上的集中和分散情况形成了医药产业布局。医药产业布局具有国际化分工和集群化发展两大特色。

1. 国际化分工

（1）发达国家　发达国家之间的产业内分工是主要的国际化分工方式。由于药物研发活动的技术密集性特征及药物生产组织方式的连续性特征，医药产业价值链的主要环节明显地集中在发达国家。但是随着市场竞争的日益激烈，为了降低成本，充分利用外部人力、技术、原材料等资源优势，发达国家正在转移其优势不明显或已丧失优势的环节，发展中国家进入医药产业国际分工体系的主体部分逐渐成为现实。

（2）发展中国家　原料药制造和临床试验是发展中国家参与医药产业国际化分工的主要领域，中国和印度在这两个领域都是积极的参与者。但要看到，承接原料药产业转移在一定程度上对发展中国家医药产业发展是不利的，会导致产业结构升级困难，并消耗大量资源和增加环境治理费用。同时，临床试验属于药物研发环节，临床试验环节的国际化转移为发展中国家提供了重大机遇，可以加速发展中国家向创新药体系的转变。

2. 集群化发展　医药产业投入巨大、产业链周期较长等不确定性，以及对新技术、新知识、新方法的依赖性，使得企业有相互靠近形成产业集群的需要。医药产业集群能够使企业间形成密切的社会网络，并提供丰富的医疗和临床研究资源以及高度密集的资金网络，这对合理配置产业资源、优化区域产业布局、提升产业竞争优势都有重要意义。

（1）发达国家的集群化表现　从全球来看，产业高度集聚发展是美国、欧洲、日本等发达国家医药产业的重要特征之一，如美国的医药产业集群大多集中在东西海岸，加拿大的多伦多和蒙特利尔，以及欧洲的一些国家也有若干发育良好的医药产业明星集群。

（2）发展中国家的集群化表现　发展中国家有众多制造仿制药或非处方药进行地区性销售的中小型制药企业，这些制药企业的地区性布局与发达国家医药产业集群的形成原因有所不同。以中国为例，自然因素对医药产业，特别是中药产业的布局影响十分显著。此外，经济区位和社会历史因素也对其产生重要影响，如上海张江高科技园区、苏州高新区、浙江医药经济开发区等已经成为我国医药产业发展外向化和参与国际竞争的龙头产业集群，而华东地区成为我国医药产业发达地区与该地区历史上具有相对较好的产业基础有很大关联。

四、重视产业政策的影响

医药产业政策是保持医药产业有序竞争，弥补医药市场失灵，有效配置医药资源，加速产业发展，提高产业国际竞争力的必要保障。医药产业政策通常表现在产业结构政策、产业组织政策、产业布局政策、产业技术政策等方面，这些政策是国家产业政策的重要组成部分，并相互作用，形成复杂的政策体系。此外还需兼顾经济利益和社会利益的特殊产业政策。

1. 产业结构政策　产业结构政策不仅会界定医药产业在国民经济发展中的地位，还会就扶持医药产业发展和调整医药产业内部结构给出相应指引和措施。

2. 产业组织政策　产业组织政策包括防止滥用市场支配地位和市场过度集中的反垄断政策、鼓励企业兼并重组及限制医药企业准入而发挥规模经济的相关政策、鼓励具有创新特色的中小医药企业发展政策、调节企业市场行为以兼顾社会利益的政策等。

3. 产业布局政策　产业布局政策一方面是关于产业在全球范围内的布局政策，明确本国医药产业在国际分工格局中的地位，设计参与国际竞争的产业发展模式和基本思路，并给出相应扶持政策；另一方面是关于产业在国家范围内的布局政策，通过政策引导，在具备发展基础的技术、人才密集区建立医药产业聚集区。

4. 产业技术政策　产业技术政策包括医药技术创新的导向政策、对医药基础研究的支持政策、药品专利政策等。

【课后训练】

选择一个中国的医药企业，了解其管理特点，对该企业的管理改进提出建议。

【案例分析】

以岭药业：创新生态系统，促进中医药高质量发展

以岭药业自 1992 年创办以来，遵循中医药"以临床实践为基础、以理论假说为指导、以治疗方药为依托、以临床疗效为标准"的科学规律，吸收现代高新技术，以理论原创带动临床新药研发，形成"理论-临床-科研-产业-教学"五位一体的中医药创新发展模式。

络病是广泛存在于多种内伤疑难病和外感重症中的病机状态。历代医学名著和医学名家均提及过络脉及络病学说，但未进行系统深入研究，亦未形成完整的理论体系。以岭药业经过不断探索创新，系统构建了络病理论体系，成为企业独有的科技核心竞争力。2006 年，"络病理论及其应用研究"项目获国家科技进步二等奖。2019 年，"中医脉络学说构建及其指导微血管病变防治"项目获国家科技进步一等奖。

围绕络病理论研究，以岭药业先后承担和完成了国家"973""863""十一五""十二五"重大新药创制及国家重点研发计划等国家级重大项目 40 余项，荣获国家级大奖 6 项，取得国内外专利 800 余项。研发出 13 个创新专利中药，覆盖心脑血管疾病、呼吸系统疾病、肿瘤、糖尿病等重大疾病领域，形成了独具特色的产品布局优势。

河北以岭医院（三级甲等中医院）作为临床基地，拥有近百种院内制剂，为向新药转化提供了有力的储备品种支撑。以岭药业院士工作站是以岭药业的科研基地，围绕新药研发关键环节的创新技术体系，发挥科技咨询、人才培养、项目引进、成果转化作用，已形成围绕中药新药不同研发阶段的产品集群。河北以岭医院和以岭药业院士工作站成为本科生、硕士研究生、博士研究生培养基地，为社会输送了大量优秀人才。

创新专利中药在国内稳健发展的同时，以岭药业布局国际，通过打造中医药文化国际交流平台、在海外加强中医理论宣传推广、开展中医药国际科研合作、拓展海外专业销售渠道等策略大力弘扬中医药，形成了国内国际双循环的中医药发展模式。

（资料来源：新华财经 http：//my-h5news. app. xinhuanet. com/news/article. html？articleId = 463af6f7f45102 d0ded4cf565280e030）

第八章
数字化创新管理前沿

【学习目标】

1. 掌握数字化的内涵。
2. 熟悉数字化的历史背景。
3. 了解工商企业和公立医院的数字化转型行为。

【案例导入】

数字化为中小微企业发展提供新契机

市场监管总局数据显示，截至 2022 年 9 月底，全国登记在册的个体工商户达 1.11 亿户，占市场主体总量的 2/3，是 2012 年的 2.75 倍。个体工商户在第三产业中占比近九成，集中在批发零售、住宿餐饮、居民服务等行业，是百姓生活最直接的服务者。

港交所前行政总裁李小加说，中国登记在册的个体工商户中，像草一样的小餐馆、小便利店、小洗头店，每天都在创造着真金白银的现金流，具有不可替代的社会价值，是一种巨大的确定性。

罗振宇也认为，一家小餐馆、小便利店、小洗头店，也许永远没有机会长成参天大树，永远没有机会上市，但因为做了一门小生意，把孩子供到大学，把父母子女、兄弟姐妹从农村接到了县城，从县城接到了省城，攒下几十万、上百万的积蓄，买下了自己的第一套房，这样的故事，每天都在我们身边发生着。

事实上，近年来仅仅正新鸡排、蜜雪冰城、华莱士、绝味鸭脖和瑞幸咖啡等五家连锁品牌，在全中国的门店加起来，就接近 10 万家。其中很大一部分是在最近两三年发展起来的。

为什么这些小微企业和个体工商户能在逆势中发展？36 氪 CEO 冯大刚认为，数字化正在改变中国商业的底层土壤。

过去，小店收的是现金，只有一本手写的账，数据无法验证，风控成为问题。但是在今天的中国，数字化支付以及背后的数字化系统，大幅度地降低了验证小店营收、预测小店未来的成本。

罗振宇认为，一个地方的数字化水平，已经是我们做选择的最重要的依据。原因很简单：数字化水平越高的地方，就越容易聚合资源。在资源越丰沛的地方，你当然就越能做成自己的事。

"在数字化系统中干活，每一个动作都被记录在案，每一次努力都被系统奖赏，这就像鞭子一样，抽得人根本就停不下来。"罗振宇把这种现象，称之为"数字化勤奋"。

［资料来源：罗振宇 2022《时间的朋友》跨年演讲笔记总结——知乎（zhihu.com）］

第一节　数字化的概念与特征

一、数字化概述

（一）数字化的内涵

随着信息技术的迅速发展及规模化商用，世界范围内的数字经济热潮席卷而来，数字化成为经济高质量增长的重要引擎。数字化（digitization）是指将任何连续变化的输入用 0 或 1 表示，即将许多复杂多变的信息转变为可以度量的数字、数据，再以这些数字、数据建立起适当的数字化模型，把它们转变为一系列二进制代码，引入计算机内部，进行统一处理。

维基百科对数字化的定义是将信息转换成数字（便于电脑处理）格式的过程，任何转化为数字格式的过程都叫数字化。

陈春花认为，数字化首先是技术概念，同时又是个代际概念。从技术概念角度理解，数字化是指把模拟数据转化成由 0 和 1 表示的二级制代码。代际概念特指工业时代到数字时代的转换，数字化技术作为一个分水岭，把人类从工业革命带入信息革命。

（二）与数字化的相近概念

与数字化相近的概念有信息化、智能化等。

信息化（informatization）这个词起源于 20 世纪 60～70 年代，主要是指计算机、通讯、信息处理等 ICT 技术在各行各业的应用，大致经历了办公自动化、财务电算化、MRP/ERP、互联网与电子商务、移动互联网与云计算、物联网与人工智能等几个标志性的应用发展阶段。信息化的核心在于将真实物理世界的业务、交易、方法、思想通过计算机和网络变成算法、程序和数据，其意义在于通过信息资源这种生产要素，极大地提高效率，并且降低成本。

智能化（intelligent）目前还没有统一的定义，但有两方面的含义：一是采用人工智能理论、方法和技术处理信息与问题；二是具有"拟人智能"的特性或功能，如自适应、自学习、自校正、自协调、自组织、自诊断或自修复的属性。

（三）概念的辨析

数字化、信息化、智能化的共性是均与计算机信息技术有关，都需要建立系统来收集、分析和处理数据，其差异表现在以下六个方面。

1. 视角不同　信息化更多的是管理，数字化更多的是业务，而智能化更多的是决策。

2. 阶段不同　先有信息化，才会有数字化，最后是智能化，信息化是基础。

3. 功能不同　信息化解决的是效率问题，数字化解决的是效益问题。

4. 主体不同　信息化的主体是信息部门，数字化的主体是公司领导牵头的数字化组织。

5. 内容不同　信息化侧重的是电子化、系统建设，数字化侧重的是平台、系统、应用，关注的是协同和数字运营。

6. 要求不同　信息化要求人才具备常规的开发、运维等知识能力，数字化则要求人才具备数字化意识、敏捷开发、网络安全、建运一体等各方面的知识，对能力素质、人才要求更高。

二、数字化的特征

学者陈春花在其著作《价值共生：数字化时代的组织管理》中提出了数字化的 3 个本质特征。

（一）连接大于拥有

凯文·凯利在《失控：全人类的最终命运和结局》一书中表达了一个思想，他认为互联网的特性就是所有东西都可以复制。这就会带来如他在诠释以智能手机为代表的移动技术时提出的两个特性：随身而动和随时在线。人们需要的是即时性连接体验。这个观点有助于理解数字化"连接"的本质特征。

即时性连接体验帮助人们更便捷地获得价值感，也因此推动了互联网的商业模式快速迭代与倍速增长。今天的人们已经习惯于通过在线连接获取一切，如电影、音乐、出行等，人们更希望通过连接获得相应的体验，因为这种方式更便捷、成本更低、价值感受更高。数字化以"连接"带来的时效、成本、价值明显超越"拥有"带来的获得感。

（二）现实世界与数字世界融合

现实世界与数字世界融合是数字化的第二个本质特征。2011 年，迈克尔·格里夫斯（Michael Grieves）教授在《智能制造之虚拟完美模型：驱动创新和精益产品》一书中引用了其合作者约翰·维克斯（John Vickers）描述该概念模型的名词，也就是"数字孪生体"，并一直沿用至今。"数字孪生"（digital twin）是指充分利用物理模型、传感器更新、运行历史数据，集成多学科、多物理量、多尺度、多概率的仿真过程，在虚拟空间中完成映射，从而反映相对应的实体装备的全生命周期过程。简单说来，数字孪生就是对真实物理系统的虚拟复制，复制品和真实品之间通过数据交换建立联系，人们可以借助这种联系观测和感知虚体，并由此动态体察实体的变化，所以数字孪生中的虚体与实体融为一体。就如数字孪生，数字化正将现实世界重构为数字世界，这种重构不是单纯的复制，更包含数字世界对现实世界的再创造，这意味着数字世界通过数字技术与现实世界相连接，深度互动与学习融为一体，共生并创造出全新的价值。

（三）过去与未来压缩在当下

数字化技术是关于连接选择的问题，选择与谁连接，选择何时连接。在道格拉斯·洛西科夫看来，"数字化时间轴不是从一个时刻过渡到另一个时刻，而是从一个选择跳到另一个选择，停留在每一个命令行里，就像数字时钟上的数字一样，直到做出下一个选择，新的现实就会出现在眼前。""我们不再测量从一种状态到另外一种状态的变化，而是测量变化的速度以及速度变化的速度，依此类推。时间不再是从过去到未来，而体现在衍生物上，从地点到速度再到加速度。"这也是为什么人们会觉得在数字化时代，变化与迭代剧烈，更迭与颠覆频繁，"黑天鹅"满天飞，让人应接不暇。因为数字化本身就是把过去与未来都压缩到当下，使其以更大的复杂性、更多的维度交织在一起。不仅仅是变化，变化本身的属性也发生了改变，也就是人们对时间价值的理解发生了改变。这意味着"保持竞争优势的时间变短了，这不仅仅发生在科技领域，而且遍布所有产业"。

陈春花认为，数字化的三个本质特征"连接""共生""当下"，可被用于区分工业时代与数字化时代。在工业时代，企业资源和能力是实现战略的关键要素，企业通过一系列努力获取资源，提升能力，构建核心竞争力。在数字化时代，通过"连接"与"共生"，企业的资源和能力不再受限于企业自身，而有了很多企业外部的可能性，所以企业核心竞争力的关键是理解"当下"的价值和意义；寻求更大范围的资源与能力的聚合，因此"连接"成为企业实现战略的关键要素。

第二节　数字化转型

一、数字化转型概述

关于数字化转型（digital transformation）的定义较为丰富。

（一）技术观

2014 年，菲茨杰拉德（Fitzgerald）等认为，数字化转型即使用新数字技术（如社交媒体、移动、分析或嵌入式设备）实现重大业务改进，如增强客户体验、简化运营或创新商业模式；2019 年，查尼亚斯（Chanias）等认为，对于数字化前的组织来说，数字化转型是一种由信息系统推动的业务转型，涉及结构和组织转型、信息技术使用、产品和服务价值创造，从而引发全新的商业模式。

（二）功能观

数字化转型的作用主要表现为促进产品与服务创新、流程创新、商业模式创新，进而实现运营效率和组织绩效的提升。企业进行数字化转型，通过将各个环节与数字技术相结合，可以有效减少成本，提高效率。2018 年，希宁斯（Hinings）等认为，数字化转型涉及集中数字创新的综合效应，它改变、取代或补充组织现有的游戏规则。

（三）过程观

2019 年，古尔巴萨尼和邓克尔（Gurbaxani & Dunkle）认为，数字化转型是企业运用数字技术，通过重塑企业愿景、战略、组织结构、流程、能力和文化，以适应快速变化的数字环境的创新过程。外尔（Vial）于 2019 年提出，数字化转型是指通过信息、计算、通信和连接技术组合，触发实体属性的重大变化，从而改进实体的过程。华纳和威格（Warner & W？ger）于 2019 年提出，数字化转型是一个持续的战略更新过程，它利用数字技术更新或取代组织商业模式、协作方法和文化。

二、数字经济环境

（一）新一代信息技术引发

数字化转型的外部环境因素主要包括数字技术发展及渗透、竞争环境加剧和用户需求变化等。伴随着改革开放，中国正快速成为数字经济大国和创新大国。信息技术的进步成为驱动全球经济、社会变革的重要力量。数字经济是信息技术革命的产业化和市场化，是新一代信息技术在经济活动中的扩散、应用和引发一系列以大数据处理为主要特点的新产业、新业态、新商业模式。由于信息技术和硬件设备的不断成熟，数字化转型是当下经济社会中的一个里程碑事件，也是企业发展的必经之路，将会给企业带来重要变革。

（二）高质量发展需求推动

以习近平同志为核心的党中央高度重视我国实体经济高质量发展。党的十九大报告指出："我国经济已由高速增长阶段转向高质量发展阶段，正处在转变发展方式、优化经济结构、转换增长动力的攻关期，建设现代化经济体系是跨越关口的迫切要求和我国发展的战略目标。必须坚持质量第一、效益优先，以供给侧结构性改革为主线，推动经济发展质量变革、效率变革、动力变革，提高全要素生产率，着力加快建设实体经济、科技创新、现代金融、人力资源协同发展的产业体系，着力构建市场机制有效、微观主体有活力、宏观调控有度的经济体制，不断增强我国经济创新力和竞争力。"发展和壮大实体经济，从根本上要靠科技创新，要靠体制变革，通过科技创新和体制变革，推动我国实体经济的高质量发展。为此，众多企业将数字化转型提上议程。

第三节　企业的数字化转型

目前，已有的互联网技术主要包括 5G 网络、大数据、区块链、人工智能、云计算等，通过这些"新基础设施"的建设，实现"实体经济"与"数字化"相融合，成为新时代促进国民经济健康快速发展的数字经济。数字经济主要以"互联网＋"各个行业为主要实现形式。2015 年 7 月，国务院引发《关于积极推进"互联网＋"行动的指导意见》，这是构筑经济社会发展新优势和新动能的重要举措，各个行业逐步实现了一定的数字化模式。

一、零售、餐饮企业的数字化转型

在零售行业，很早就有了淘宝、天猫，近几年逐渐出现一种"新零售"模式。这种模式运用大数据、人工智能等先进技术手段，推进线上线下一体化进程，使线上销售与线下销售深度融合。非常典型的如"盒马鲜生"，以及各大超市分别接入一些大的平台，如京东、饿了么，实现线下到线上的零售新模式。

在餐饮行业，出现了像大众点评、饿了么、口碑等点评、点餐、外卖平台。在出行领域，由原来的招手打车，逐渐出现了网约车：滴滴打车、嘀嗒打车、易到用车、曹操出行等，还出现了共享单车。这些行业的发展还得益于支付行业的数字化，随着二维码技术的发展，支付方式从现金支付逐渐变成扫码支付，这一转变大大减少了交易成本。

二、传统制造业的数字化转型

在传统制造业数字化转型方面，主要以海尔集团的"海尔智家"和中国航天科工的"航天云网"为代表。"海尔智家"依托 COSMOPlat 平台，按照用户需求定制"智慧家庭"，从传统的标准化家用电器，转变为根据不同的用户需求量身定做"专属"产品。"航天云网"则以"互联网＋智能制造"为发展方向。

三、教育、医疗卫生机构的数字化转型

2019 年 12 月暴发的新冠疫情，更是激发了教育、医疗机构的数字化。截至目前，我国教育数字化转换工作在基础设施、数字资源、信息平台、应用探索等方面取得了突破性进展。全国中小学互联网接入率已达 100%；"三通两平台"（宽带网络校校通、优质资源班班通、网络学习空间人人通、教育资源公共服务平台、教育管理公共服务平台）、"三全两高一大"（教学应用覆盖全体教师、学习应用覆盖全体适龄学生、数字校园建设覆盖全体学校、信息化应用水平和师生信息素养普遍提高、建成"互联网＋教育"大平台）等行动持续推进；数字资源供给质量显著提升。

由行政部门、医疗机构、社会公众和医疗健康产业链上下游企业形成的医疗体系，也在不同程度地进行数字化转型。各种数字化的医疗设备在诊疗过程中发挥着巨大作用，如 B 超、CT 等。腾讯觅影是一家提供人工智能（AI）辅诊的公司。AI 辅诊现已覆盖 500 种常见病，能实时提供诊疗建议，有效降低了全科医生的漏诊率。人工智能用于医疗诊断，使诊断的准确率越来越高，由此产生了一个人工智能与医疗之间的新价值空间。

四、企业管理的数字化转型

企业除了关注资源计划（ERP）系统、供应链管理（SCM）系统、客户关系管理（CRM）系统等以外，开始关注社交媒体软件系统（enterprise social media，ESM）的应用，以适应当前的

移动化、社会化办公、社区化运营的需要。ZOOM、腾讯会议、钉钉，这些远程办公软件不仅可以完成远程即时通信的功能，还具备签到、考勤、流程审批等功能，大大减少了企业在疫情期间造成的一些成本损失，大大提升了工作效率。

越来越多的企业关注物联网、大数据和云计算的应用，创造智能互联的新产品和新业务，以适应互联网用户的需求变化。在这些信息系统应用的支持下，通过精准分析、信息和知识的支持，企业组织得以赋能，增强了动态能力和敏捷性，促进了团队化管理和运营，以及社会化学习和知识创造。

【链接】

柯达 VS 富士，传统行业应对数字化的经典案例

20 世纪 60 年代，柯达和富士同是胶片行业的两家知名企业。2001 年柯达品牌价值位列全球第 27 名，市值约为富士的十几倍。2012 年 1 月，柯达正式申请破产保护。同月，日本富士胶片的数码相机新品发布会在美国拉斯维加斯举行，公司市值约 120 亿美元。这期间发生了什么，让两家公司的情况发生了逆转。

2000 年起，新数码技术横扫胶卷市场，引发行业震荡。事实上，柯达对数字技术的理解远远走在行业前端。柯达在数码相机领域有很多创新，也销售了大量的数码相机，并且在 2005 年以 21.3% 的占有率在美国市场排名第一。鼎盛时期，柯达拥有世界上最具创新性的研发部门，拥有高达几千项的专利。然而，柯达固守自己原有的业务模式，没有真正理解数字技术带来的消费行为的全新改变，即消费者已经改变。在多元化转型方面，虽然柯达也涉足了医药、授权贴牌生产数码电子产品等，但最后因为只看重短期利益，而出售了需要长期投入的医药业务。最终，柯达的数码相机由于技术更新缓慢，价格缺乏吸引力，在佳能、尼康、索尼等日本厂商的围剿之下，销量持续下滑。至 2001 年，柯达每卖出一台数码相机就亏损 60 美元。2002 年，柯达的产品数字化率只有 25% 左右，而其竞争对手富士胶片的产品数字化率已达到 60%。两家公司在 2002 年的数字化能力决定了两家公司在 10 年后的结构。

20 世纪 80 年代，富士胶片判断了数码技术的未来，拟定了三大战略方向："第一，从传统胶片业务中争取更多的利润并尽量抽离资金；第二，为向数码影像业务转型做好准备；第三，开发新业务"。据报道，富士胶片将"最早的影像事业、信息事业、文件处理事业三大业务板块调整为医疗生命科学、高性能材料、光学元器件、电子影像、文件处理和印刷六大重点发展事业"。同时，富士胶片还将在照片感光材料领域孕育出的有机材料、图像、光学等核心技术成功推广到这六大事业中。2003 年，富士胶片进行企业战略转型。2005 年和 2006 年，富士胶片削减了 2000 亿日元以上的胶片业务支出，加大了数码相机的研发和推广力度，同时将传统的胶片专注于医用行业。2007 年，富士胶片的收入创下历史新高。富士胶片转型数码时代的故事被哈佛商学院以"二次创业（a second foundation）"为题收入案例教学库。

2013 年 8 月底，接受《哈佛商业评论》中文版专访之际，富士胶片的总裁古森重隆说："在数码时代，富士不再是一家胶片公司，也不会是一家数码公司，而是一家以尖端技术为核心的多元化公司。这家跨多个行业的公司，极有可能在生物医药领域卓有建树。"他还提道："对于一家

胶片公司来说，投资数码技术就像是搬起石头砸自己的脚，等于自己缩短了胶片业的寿命。但是富士胶片当时之所以选择投资和开发数码技术，是因为我们意识到，富士胶片不做这件事，一定会有别的公司来做，比如索尼、松下、东芝这些电器厂商，还有尼康、佳能这些照相机厂商等，这是未来的方向，所以我们必须争取主动。柯达在数码时代突进时却没有采取迅速的行动，而是犹犹豫豫、畏首畏尾，直到数码时代的格局已经明朗，才调整自己的战略。"由于在战略上对数字化的投入不同，这两家公司的结局也完全不同。

（资料来源：陈春花 . 价值共生：数字化时代的组织管理 . 徐飞 . 柯达 VS 富士，传统行业应对数字化的经典案例 . baidu. com）

第四节　医院的数字化转型

2020 年 9 月，国务院国资委印发了《关于加快推进国有企业数字化转型工作的通知》，开启了国有企业数字化转型的新篇章。公立医院的实践者和研究者开始思索医院信息化、数字化医院与医院数字化的关系和差异。徐向东、周光华等（2022 年）认为，医院数字化转型的内涵可以理解为面向卫生健康高质量发展要求，以数字或知识作为关键要素资源，以新一代信息技术为重要载体，具备数字化升级、智能化应用、技术融合与创新等特征的一系列卫生健康服务与管理活动。由此可见，狭义的数字化医院主要是信息化支撑业务，而广义的数字化医院更能代表医院数字化转型的方向，即数字的资产化和区域平台化。第三军医大学西南医院的刘国祥等在 2004 年首次完整地定义了数字化医院的概念。他们认为，数字化医院有"狭义"和"广义"两方面的含义。

一、狭义数字化医院

所谓"狭义数字化医院"，是指利用网络及数字技术，有机整合医院业务信息和管理信息，实现医院所有信息最大限度地采集、传输、存储、利用、共享，实现医院内部资源最有效的利用和业务流程最大限度的优化。高度完善的医院信息体系，是由数字化医疗设备、计算机网络平台和医院软件所组成的三位一体的综合信息系统。数字化医院体现了现代信息技术在医疗卫生领域的应用，目的是降低运行成本，提高工作效率，提升服务水平。狭义数字化医院是医院相对独立的信息体系，它依靠医院自身的努力就可能实现。我国乃至全球的医院数字化建设，总体来讲都还停留在狭义数字化医院水平。

二、广义数字化医院

"广义数字化医院"，是指由医院与医院间、医院与社区间的卫生数字化体系连接构成的区域性的数字化健康服务体系。事实上，广义数字化医院是在狭义数字化医院的基础上，加上数字化的配套卫生服务体系，甚至包含联系家庭乃至个人的数字终端，从而在一定区域内实现真正的没有空间阻隔的零距离医疗卫生服务。

"广义数字化医院"得到许多实践者和研究者的响应。2021 年，李劲松、张小光指出：无纸化成熟、提供无处不在的医疗服务、电子化临床路径推广、电子病历全面应用、数据挖掘成为医院日常工作，以及向区域医疗一体化方向发展是数字化医院发展趋势。其中的区域医疗一体化，是指综合性医院的丰富资源可以通过医疗信息标准化、数据库操作等技术实现与区域医疗的一体化发展。它能为小型诊所、专科门诊、社区医院等规模较小的医疗机构提供包括患者既往病历、医学影像、检查检验结果等在内的临床信息支持；能向卫生主管部门提供区域内的疾病分布情况、卫生资源利用率、疫情预警等信息，辅助区域卫生发展决策的制定；有助于预防及监控重大疫情；能够为医疗研究中心、医学院校提供完整的临床数据和医疗信息，以支持循证研究和实践教学；为区域内百姓提供基于互联网的医疗信息查看、医患交流、就诊预约等服务。

三、医院数字化转型的组织部门

2022 年，左慧玲、朱卫国等提出了医院数字化的一个新组织——数字化转型管理办公室（transformation management office，TMO），类似的新部门更多地从全局视野和历史维度进行思考，推进突破性创新，由此首席转型官（chief transformation officer，CTO）相应诞生。

组织变革是推动企业发展的有效工具，用来解决制约企业发展的瓶颈问题，是一种创新的系统方法和工具，以解决现有机制和方法无法解决的问题。与传统的项目管理办公室（PMO）侧重于事务性管理、合规性管理相比，TMO 更侧重业务价值的实现，侧重于协调人、流程、数据、技术等，以实现投资回报或业务价值，而不是事务性工作，其面对的难度、复杂度会更大。以流程再造为例，很多时候各部门会提速增效、降低任务量，但整体优化并不意味着每一个局部均会优化。加之无论是患者还是医院员工，很多流程再造还会涉及行为习惯和理念的改变，此时，TMO 的协调、推进至关重要。医院数字化转型常常是院级战略举措，需要在人才、理念、文化、流程、组织、业务模式、技术支撑能力等多维度实施数字化融合转型，并通过不断地进行自我颠覆与自我革新，才能在整合优化以往信息化建设的基础上实现业务模式创新，培养符合医院高质量发展要求的核心竞争力，更好地适应健康中国新时代的要求。

【链接】

福建省立医院探索"互联网＋"创新医疗服务

福建省立医院于 1937 年成立，是福建省政府最早创办的公立医院，也是福建省卫生健康委直属的最大三级甲等综合医院，已发展成为省临床诊疗、医学研究、医学教育、预防保健的中心。

2019 年 4 月，福建省卫生健康委为首批 5 家医院颁发了"互联网医院"牌照，福建省立医院为其中之一。随即，福建省立医院互联网医院上线，开通了在线咨询、在线诊疗、慢性病复方、疑难病多学科会诊等功能。福建省立医院互联网医院的开通，是基于医院多年"互联网＋创新医疗服务"方面的成功实践。该院信息管理中心主任张琼瑶就其中具有特色的举措进行了详细介绍。

举措一：从一卡通到一码通的飞跃。医院在 2002 年率先使用了基于预缴金方式的就诊一卡通，于 2009 年实现了全省社保卡就诊一卡通，在 2015 年实施了居民健康卡，并在 2019 年实现了电子居民健康卡码、医保结算码和金融支付码的"三码融合",真正实现了无卡就医。

举措二:提供多渠道、全流程预约服务。医院在2015年9月上线了预约平台,向患者提供9种预约方式。医院自行建设的挂号库,能够通过大数据分析全院所有专家3年来的门诊接诊时间,从而把患者就医预约时间精确到分钟。如果患者行动不便,可以在手机APP或微信公众号上预约平车和轮椅服务。系统把数据传到运送中心,运送人员会在医院门口等患者,将他们送到诊间,解决了从医院门口到诊室间最后几百米距离的难题。这是在全国首创的院内"滴滴打车"。

举措三:基于物联网院内智能导航体系。医院于2017年9月在全国率先推出该平台。它利用导诊机器人与定位技术,结合就诊流程,解决了患者去哪儿和怎么去的问题。

举措四:建立7×24小时无边界自助服务系统。医院在门诊、医技科室、病房共安装了206台自助机,提供自助建卡、预约挂号、充值结算、医技预约、门诊病历/清单/检查报告(含胶片)/检验报告自助打印、满意度调查、诊疗信息查询等28项便民服务。

举措五:设立智能化检查预约平台。这是医院开发的全国首家智能化检查预约平台,于2016年3月上线。该平台通过理念创新,改变了患者传统的就医方式。医生开出检查申请单后,患者无需往返于检查科室,由系统自动完成预约,不但能够分时段预约,还可将检查地点、注意事项等告知患者,实现了去中心化、虚拟化无物理地点的预约。基于该平台,医院还实现了一键式退费服务,极大地优化了流程,方便了患者。

举措六:提供手机用药查询。医院在全国最早推出手机用药查询服务,于2017年9月上线。该服务基于"互联网+",延伸了药事服务。患者只要用手机扫一下取药凭证上的二维码,就能清楚地知道处方药品是什么,每个药品的说明书、用药注意事项等也会告知患者。

举措七:提供床边结算服务。该服务于2016年12月推行,目前已实现全院覆盖。要做好床边结算服务,首先要在信息化上解决货币电子化、银行卡费用原路返还、与医保对接等问题。医院将入院办理、出院结算等服务前移到病区床旁,在病区即可一站式办理入院登记、缴费结算、清单打印等事务。系统会自动发短信提醒患者到护理站办理出院手续,患者凭此短信和相关缴费凭证到护理站,5分钟内即可完成出院手续的办理。同时还会把出院带药及各种单据等一并交给患者,减少了患者来回奔波的时间。

举措八:点对点精准推送满意度调查与健康宣教。医院于2018年6月推行该服务,可实时掌握患者就诊路径和节点,点对点向患者精准推送满意度调查和健康宣教。

举措九:老年慢病居家健康管理。该服务基于物联网远程监测,于2018年6月推行该项服务。它通过可穿戴设备,将慢病老人的数据采集后传送到医院,由慢病管理专家在院内对院外患者进行指导,将服务从院内延伸到院外,实现了"信息跑路,病人不跑腿"的目标。

举措十:创建互联网医院平台。基于上述九大措施,医院在整合基于手机端改善医疗服务和远程医疗服务基础上,推出了网络诊间、网上咨询等基于互联网的服务,并将其整合到医院的互联网医院平台上。目前互联网医院已具备52项功能,可以覆盖到院外,为患者提供服务。

举措十一:构建多学科会诊平台。医院以新型多学科联合诊疗协作为核心,通过图像、语音等形式,实现了从查看会诊患者(病历资料、体征、检查)信息到发起会诊、组织会诊,以及会诊结束后提供个性化精准治疗方案,并形成会诊报告存档的一站式诊疗服务,做到随时随地会诊。

举措十二：建立福建省新冠肺炎远程指导中心平台。为进一步做好新冠肺炎防控工作，医院在福建省委省政府的部署下，在远程会诊中心的基础上成立了福建省新冠肺炎远程指导中心，并组建专家组，每天对全省新冠肺炎定点医疗机构进行巡查，规范福建省新冠肺炎诊治，提高救治率。同时探索融合5G技术，实现医联体内部的远程会诊、远程查房、远程联合门诊、手术示教、病例讨论等功能，提升基层医疗机构的诊疗服务能力。

在践行"互联网＋医疗服务"过程中，福建省立医院做到了让患者、医院和政府三方满意：优化了就诊流程，让患者获得了优质服务，做到了让患者满意；提高了效率，节约了人力资源，让医院管理层满意；便民利民，提高了患者满意度，让政府满意。

（资料来源：被卫健委点赞，这家医院12项"互联网＋"医疗服务做法值得借鉴－健康界 cn－health-care.com；张琼瑶．福建省立医院探索"互联网＋创新医疗服务"．qq.com）

【课后训练】

1. 企业为什么要进行数字化创新，数字化创新的目标是什么？

2. 数字化创新为企业带来了哪些变革？请举例说明。

3. 简述数字化转型的基本特征？

4. 经历了3年的新冠肺炎疫情，您发现了什么数字化创新机会？

5. 结合福建省立医院探索"互联网＋创新医疗服务"案例，谈谈你认为医院数字化创新需要注意什么？

6. 我国医联体建设实践中有哪些典型的数字化创新举措？可结合具体案例阐释。

主要参考文献

[1] 许跃，李伸荣. 大学生创新创业实务［M］. 哈尔滨：东北林业大学出版社，2020.

[2] 张骁. 创业导向和社会资本对企业国际化影响研究［M］. 南京：南京大学出版社，2019.

[3] 姬建锋，万生新. 大学生创新创业教育［M］. 西安：陕西人民出版社，2019.

[4] 陈宏，牛玉清，唐磊. 创业经营实战［M］. 南京：南京大学出版社，2019.

[5] 彭四平，伍嘉华，马世登，等. 创新创业基础［M］. 北京：人民邮电出版社，2018.

[6] 舒晓楠，阮爱清. 创业基础［M］. 重庆：重庆大学出版社，2017.

[7] 李新庚，杨辉，高永丰. 创新创业基础［M］. 北京：人民邮电出版社，2016.

[8] 陈晓鸣. 电商创业［M］. 北京：人民邮电出版社，2016.

[9] 王涛，顾新. 创新与创业管理［M］. 北京：清华大学出版社，2017.

[10] 陈智刚，罗建华，茹华所，等. 大学生创新创业基础［M］. 北京：高等教育出版社，2018.

[11] 陈春花. 价值共生：数字化时代的组织管理［M］. 北京：人民邮电出版社，2021.

[12] Chanias S, Myers M D, Hess T. Digital transformation strategy making in pre-digital organizations：the case of a financial services provider［J］. The Journal of Strategic Information Systems，2019，28（1）：17-33.

[13] Fitzgerald M., Kruschwitz N., Bonnet D., et al. Embracing Digital Technology：A New Strategic Imperative［J］. MIT Sloan Management Review，2014，55（2）：1-12.

[14] Gurbaxani V, Dunkle D. Gearing up for successful digital transformation［J］. MIS Quarterly Executive，2019，18（3）：209-220.

[15] Hinings B, Gegenhuber T, Greenwood R. Digital innovation and transformation：an institutional perspective［J］. Information and Organization，2018，28（1）：52-61.

[16] Warner K S R, Wäger M. Building dynamic capabilities for digital transformation：an ongoing process of strategic renewal［J］. Long Range Planning，2019，52（3）：326-349.

[17] Vial G. Understanding digital transformation：a review and a research agenda［J］. The Journal of Strategic Information Systems，2019，28（2）：118-144.

[18] 李劲松，张小光. 数字化医院的建设目标与发展趋势［J］. 医疗卫生装备，2010，31（2）：5-7.

[19] 刘国祥，吴昊，李书章，等. 数字化医院的概念和系统结构模型研究［J］. 中国医院管理，2004，24（11）：25-27.

[20] 徐向东，周光华，吴士勇. 数字健康的概念内涵、框架及推进路径思考［J］. 中国卫生信息管理杂志，2022，19（1）：41-46，84.

[21] 左慧玲，朱卫国，刘敏超，等. 医院数字化转型与信息化建设的关系辨析与思考［J］. 中国数字医学，2022，17（10）：19.